LES CAHIERS DE L'IREA
N° 8 - 2016

Revue de l'Institut de recherches et d'études africaines
(IREA)

Philosophie et droit

L'Harmattan

LES CAHIERS DE L'IREA
N° 8 - 2016

Revue de l'Institut de recherches et d'études africaines (IREA)

Philosophie et droit

L'Harmattan

5-7, rue de l'École-Polytechnique ; 75005 Paris

http://www.librairieharmattan.com
diffusion.harmattan@wanadoo.fr
harmattan1@wanadoo.fr

ISBN : 978-2-343-11136-0
EAN : 9782343111360

Comité scientifique

Comité de lecture

Sommaire

Éditorial

Hegel, dans un passage de sa *Phénoménologie de l'esprit* écrit : « La conscience de soi est en soi et pour soi quand et parce qu'elle est en soi et pour soi pour une autre conscience de soi, c'est-à-dire qu'elle n'est qu'en tant qu'être-reconnu »[1]. On le voit, dans la reconnaissance, c'est la conscience de soi qui vient pour ainsi dire en rencontrant l'autre faire face à elle-même. Autrement dit, c'est le concept de sa propre identité perçue dans le dédoublement d'elle-même. Or, l'Afrique est aujourd'hui à la croisée des chemins. C'est pourquoi l'Africain doit retrouver sa mémoire collective et historique, lutter contre sa propre amnésie culturelle, faire une cure de soi, afin de s'accepter et surmonter son histoire personnelle et collective pour accueillir en soi l'autre que soi, éveiller son intelligence, assumer son destin, renforcer les capacités créatrices de ses semblables. Dès lors, sans faux fuyant, il faut assumer son passé, se réconcilier avec son histoire, son passé culturel et cultiver par ricochet une conscience historique commune. Il s'agit, au finish, de changer de mentalité en s'appropriant le sens du désir d'être ou de l'effort pour exister. Or, ce qui nous guette dans cette quête d'identité culturelle, c'est certes l'ethnicisme, le repli sur soi, le repli identitaire, l'enfermement, le rejet de l'autre, la fermeture à l'autre, aux autres, mais aussi l'ignorance de l'autre, de son histoire, de sa culture. De même à vouloir trop ressembler à l'autre par imitation ou par assimilation, on s'anéantit. Pour y échapper, une philosophie de l'histoire bien comprise est indispensable.

---

[1] Hegel, *Phénoménologie de l'esprit,* tome 1, trad. Jean Hippolyte, Tome 1, p. 155.

Philosophie de l'histoire ! Effectivement si, à la faveur de la diffusion des œuvres de Hegel, dont le caractère euro-centriste culmine dans l'idéologie de la race se référant à la différenciation des races inégalement perfectibles, de sorte que la philosophie de l'histoire connaît un essor sans précédent au point de devenir le concept central de la pensée moderne, la Négritude, courant littéraire et politique né au cours des années 1930 et regroupant des écrivains francophones noirs, comme Aimé Césaire, Léopold Sédar Senghor, Léon-Gontran Damas, etc. affiche clairement, quant à elle, un objectif qu'est la lutte contre le colonialisme. Un colonialisme qui, encore aujourd'hui, se fait quelque peu virulent à travers les principes de droit non respectés et les stratégies de blanchissement d'argent.

C'est ainsi que, par exemple, si le mythe de l'immense fortune d'Oussama ben Laden a « justifié » la floraison de textes destinés à lutter contre le terrorisme au plan financier et, accessoirement, contre les trafics de stupéfiants, le grand banditisme et le blanchiment d'argent, force est de reconnaitre que, par exemple, la France, malgré ses prétentions, n'est pas mère des droits de l'homme, qui, pour le moins, apparurent un siècle plus tôt en Grande-Bretagne. Au contraire de la Côte d'Ivoire, elle ne cite pas la Déclaration universelle de 1948 dans le préambule de sa constitution. De même, elle n'a pas perçu que les États-Unis avaient confié à la justice civile ce qui avait appartenu précédemment à la justice répressive, mais tout en laissant aux magistrats seuls le soin d'examiner les dossiers, conservant ainsi au moins la forme d'un État de Droit. Au final, on est interpellé par la notion de vertu, de sorte que l'on peut se poser des questions sur ce qu'est la vertu. À un tel questionnement, une tentative de réponse remonte déjà de l'Antiquité.

Et de fait, si Socrate a défini la vertu comme un idéal d'autonomie morale et de rationalité, qui protège de toute atteinte de la part d'autrui et des vicissitudes du hasard, Platon, lui, stipule dans son œuvre *Ménon* que la vertu est l'intensité des désirs et la capacité à les satisfaire. La question « qu'est-ce que la vertu », selon la diérèse platonicienne, suit un procédé dont il est difficile d'établir une conclusion : elle est asthénique. Plus proche de nous, Kant donne aussi du ton à travers son éthique.

En effet, Kant a construit une éthique tellement cohérente qu'on la croyait résistante à toute épreuve. En réalité, la confrontation d'une telle éthique avec le mal radical, loin de la laisser intacte et intangible, induit des crises profondes en son sein, de sorte que c'est tout l'édifice kantien qui est secoué en son équilibre, et que pour la sauver d'une faillite inévitable, il lui trouve des lieux de refuge, dont le dernier semble être la « micrologie ». Mais si, ainsi confrontée au mal radical, l'éthique kantienne se révèle fragile au point d'être menacée même de sombrer dans l'abîme en la figure du régicide, autrement dit, si le mal radical provoque des failles dans l'éthique au point de la menacer de faillite, un légitime questionnement s'impose de savoir ce qu'il en est alors de sa confrontation avec la crise plus aiguë de la modernité, à savoir celle d'un mal si extrême qu'il frôle le mal diabolique. La solution ne réside peut-être pas, comme l'a cru Kant, dans sa seconde éthique, dans une ligue du bien ou de la vertu, mais d'abord et avant tout dans des subjectivités suffisamment armées, à même de résister aux ravages du mal. La philosophie de l'histoire est, en cela, incontournable.

Blaise BAYILI

Historicité poétique africaine dans la trame historique universelle

Vincent Davy KACOU OI KACOU
Docteur en philosophie
Grand Séminaire Saint-Paul d'Abadjin-Kouté (RCI).

Introduction

Pour se procurer du prestige et étendre leur hégémonie, les puissances européennes ont toujours dénié toute intelligibilité historique à l'Afrique. Dès lors, « tout ce qui est africain est jugé, évalué, compris selon des appréciations purement européennes. Ainsi, les spiritualités africaines sont taxées de fétichisme et d'animisme. Les philosophies africaines sont dites des systèmes de pensée. Les peuples et les nations africaines sont considérés comme des tribus et des ethnies. Les arts africains sont qualifiés d'arts nègres, sauvages ou primitifs. Les langues africaines, elles, sont vues comme des langues inférieures »[2]. Ce qui fait de l'Afrique « un continent dont les habitants sont victimes d'un ostracisme »[3].

Pour hupper ces souvenirs indélébiles, les théories africanistes scandent que l'Afrique est anhistorique et atemporelle. À ce titre, Hegel argue que « l'Afrique, aussi loin que remonte l'histoire, est restée fermée, sans lien avec le reste du monde ; c'est le pays de l'or, replié sur lui-même, le pays de l'enfancc qui, au-delà du jour de l'histoire consciente, est ensevelie dans la couleur noire de la nuit »[4]. De toute évidence, le philosophe de Berlin récuse toute totalité historique universelle à l'Afrique. Il exclut l'Afrique de l'histoire universelle, car ne reconnaissant pas en elle la révélation de la *Raison Divine, de l'Esprit Universel.*

À la suite de Hegel, des théories comme celles d'Arthur de Gobineau et de Georges Cuvier vont définir la temporalité historique par rapport à la race. Ainsi, Gobineau écrit : « La question ethnique domine tous les autres problèmes de l'histoire… et l'inégalité des races suffit à expliquer tout l'enchainement des destinées des peuples »[5]. Quant à Georges Cuvier, il assimile les Noirs africains à « la plus dégradée des races humaines, dont les formes s'approchent le plus de la brute, et dont l'intelligence ne s'est élevée nulle part au point d'arriver

---

[2] Vincent Davy KACOU, *La Grande politique, une nécessité pour l'Afrique. Lecture interprétative de Friedrich Nietzsche*, Paris, Mon Petit Éditeur, 2012, p. 9.

[3] *Idem.*

[4] Georg Friedrich Wilhelm HEGEL, *La Raison dans l'Histoire. Introduction à la Philosophie de l'Histoire*, trad. Kostas Papaioannou, Paris, Plon, 1965, p. 39.

[5] Arthur de GOBINEAU, *Introduction à l'Essai sur l'inégalité des races humaines*, Paris, Nouvel Office d'Édition, 1963, p. 89.

à un gouvernement régulier »[6]. Il en découle que l'Afrique est un échec dans l'histoire universelle. Elle apparaît alors comme un continent sans passé. Par conséquent, elle est sans histoire. Or, l'histoire universelle enseigne que l'Afrique n'est pas sans trame historique dans la mesure où elle a contribué au progrès culturel, religieux, scientifique et philosophique de l'humanité[7]. Il ne faudrait donc pas que l'on occulte cette vérité historique de l'intelligibilité historique africaine. Étant dans la temporalité, l'Afrique, indéniablement, a une histoire et un devenir.

Si l'Afrique et les Africains ont une histoire et un devenir, ne serait-il pas alors incongru de réfuter tout enracinement originel dans la temporalité alors que l'Afrique est reconnue comme le berceau de l'humanité ? L'histoire du berceau de l'humanité n'a-t-elle pas été falsifiée pour enliser la conscience africaine dans le complexe d'infériorité ? Nier l'histoire de l'Afrique, n'est-ce pas nier la mémoire collective en blessant les mémoires individuelles des peuples africains ?

Notre thèse tente de réconcilier les peuples africains avec leur propre histoire, leur culture et invite à la lutte contre sa propre amnésie culturelle. C'est à ce titre que l'intention de notre intervention se place sous le signe de la poétique. La poétique ici est à comprendre comme une possibilité de prendre en main sa propre destinée. La poétique, ici, n'a en rien avec le lyrisme, l'impressionnable. Elle est à comprendre comme une

---

[6] Georges CUVIER, *Recherches sur les ossements fossiles*, Vol. 1, Paris, Deterville, 1812, p. 105.

[7] Théophile OBENGA, *Cheikh Anta Diop, Volney et le sphinx. Contribution de Cheikh Anta Diop à l'historiographie mondiale*, Paris, Présence Africaine/Khepera, 1996, pp. 241-245.

volonté créatrice de nouvelles valeurs, une brèche de nouveauté que l'imagination créatrice ouvre[8], une possibilité de prendre en main sa propre destinée, l'ensemble des possibilités permettant de donner sens à l'existence, de penser l'imaginaire social.

La poétique est la réappropriation de sa propre histoire en vue d'un imaginaire social. L'imaginaire social africain par l'historicité poétique ne suppose-t-elle pas l'appropriation d'une nouvelle identité par l'ouverture de soi vers un ailleurs qui n'est pas un ici ? Les sociétés africaines, en emboîtant le pas à celles d'Occident et du pentagone, ne sont-elles pas appelées à se construire au fur et à mesure des évolutions, en se fondant sur leurs contradictions internes, leurs propres bases et leurs valeurs culturelles ? Par ailleurs, les idéaux tels que la griotique et l'ivoirité, ne seraient-elles pas le prodrome de l'historicité poétique africaine ? L'ivoirité ne fut-elle pas pensée à ses origines comme une quête de soi dans l'ascension à l'universel ?

D'où l'intitulé de cette réflexion : « *Historicité poétique africaine dans la trame historique universelle* ». L'intenté[9] du thème n'est rien moins que la consolidation du sentiment de continuité historique, c'est-à-dire la constitution foncière de l'esprit humain qui, à la différence d'un intellect infini, ne voit pas d'un seul regard tout ce qui est, mais prend conscience de sa propre situation historique.

---

[8] Paul Ricœur, *Lectures 2. La contrée des philosophes,* Paris, Seuil, 1992, p. 488.

[9] L'intenté est ce que le locuteur veut dire. L'intenté est d'ordre sémantique.

I. De la reconquête de l'identité perdue

1.1. De la griotique dans la quête de l'historicité poétique africaine

En Afrique, comme partout ailleurs, tout le monde se trouve confronté à l'épineux problème de l'identité. Ce désir d'identité d'un peuple, comme le souligne le professeur DIBI Kouadio Augustin, se trouve stimulé par la quête d'un visage ; et comme il l'écrit, le visage est ce par quoi, « *je vois et je suis vu en retour comme étant le même, non l'autre. Le visage exprime, et ce qui s'y exprime, ce qu'il exprime est une présence personnelle* »[10]. C'est dire que l'Afrique, depuis des temps immémoriaux, a toujours cherché d'une façon ou d'une autre à exprimer sa présence ; elle a toujours cherché à s'affirmer, à se poser comme identité en face de l'autre. En face de l'autre, nul ne doit se sentir étranger. Mieux, personne ne doit être relégué au statut d'étranger chez soi, dans sa propre maison, dans sa propre patrie.

Être soi-même avec les autres sans pourtant perdre son identité, Niangoranh Porquet met bien cela en évidence à travers la griotique : « Nous voulons à travers la griotique une rencontre à nous, à partir de nos éléments à nous. Universalisme d'accord, mais griotisme d'abord… La griotique renferme le griotisme qui est africanité saine, ce qui nous permet d'apporter assurément une voix originale au concert culturel des nations du monde »[11]. En tout état de cause, la griotique, en tant que reconquête de l'identité

---

[10] Augustin DIBI Kouadio, *L'Afrique et son autre : la différence libérée*, Abidjan, Strateca diffusion, 1994, p. 20.

[11] Serjona, « Niangoranh Porquet, créateur d'un concept » interview in *Fraternité Matin* du 17 janvier 1974, p. 13.

perdue par la prise en main de son propre destin, est l'assomption de soi à l'intérieur des particularités ouvertes les unes sur les autres. En effet, l'existence humaine se perçoit sous le mode de l'altérité. En ce sens, la vie elle-même se veut plurielle ; elle se dit au pluriel, elle se conjugue au pluriel. Prenant conscience de cette réalité qui apparaît à la limite comme une vérité axiomatique, l'existant lui-même aspire à partir de cet instant à la rencontre avec l'Autre.

La griotique est loin de prôner l'enracinement exclusif, l'enfermement sur soi. Elle est plutôt ouverture sur le monde, participation à l'universel, contribution de l'Afrique à la construction de l'humanité. La griotique s'écoule donc dans l'océan de l'universalité. Niangoranh Porquet affirme en substance : « Aux Africains, j'ai voulu épargner la lourde perte que pourrait entrainer l'adoption des valeurs culturelles africaines par la trop grande présence occidentale. Il ne faudrait pas non plus que le monde en général et l'Afrique en particulier imputent à notre mémoire d'avoir freiné l'évolution universelle en ne contribuant pas à son expression culturelle. Nous voulons donc nous affirmer à travers notre force culturelle »[12]. Il appert que la griotique vise l'enracinement culturel, social de l'Afrique, car « un peuple ne peut aller de l'avant que s'il dispose de point de référence dans le passé, s'il sait qu'il perpétue un certain génie, une spécificité respectée par les autres peuples »[13].

Sans une reconnaissance de notre culture et surtout sa connaissance par nous-mêmes, nous serons toujours des êtres déracinés. Il nous incombe en tant qu'Africains de

[12] *Idem.*
[13] Alain. T. Hazoumé et Edgard G. Hazoumé, *Afrique, un avenir en sursis*, Paris, L'Harmattan, 1988, p. 16.

puiser en nous-mêmes ce que nous avons de foi, d'intelligence et d'énergie pour marcher, non pas à la traîne, mais à l'avant-garde des milliers de penseurs et d'hommes d'affaires qui, de par le monde, croient encore en nous[14].

1.2. De la griotique à l'ivoirité comme paradigme de l'historicité poétique

L'ivoirité originelle a vu le jour en 1974 sous la plume de Pierre Niava et dans la bouche de Dieudonné Niangoranh Porquet et s'inscrit dans l'apport des Ivoiriens à la construction de la culture moderne africaine. Nous en voulons pour preuve ceci : « Il (le concept d'ivoirité) est né d'une prise de conscience d'une gamme de traits et de caractères propres à l'Ivoirien. Ce concept pour être dynamique se donne une orientation perspective, tendant à maintenir, à développer et à renforcer ce qui existe déjà. L'ivoirité est un concept multiforme englobant la dynamique socio-économique, le triomphe culturel dont le tenant artistique est la Griotique, la pensée de l'homme ivoirien dans toute sa profondeur. » En sus, « (…), l'ivoirité serait une civilisation ivoirienne dynamique et intégrale où l'homme ivoirien dans la Nation ivoirienne serait à la fois objet et sujet »[15]. Voulue dans une perspective de l'africanité, « l'ivoirité engendrée par la griotique devient (…) ce que les Ivoiriens et la Côte d'Ivoire apportent à la construction d'une nouvelle

[14] Marcel Zadi Kessy, *Culture africaine et gestion de l'entreprise moderne*, Abidjan, éditions CEDA, 1998, p. 18.
[15] *Idem*.

civilisation africaine »[16]. En fait, l'ivoirité, à l'instar de la négritude de Senghor, de la philosophie politique de l'authenticité de Mobutu, de l'Afro beat de Fela, du Soul Makossa de Manu Dibango, des chansons engagées de Myriam Makeba, se voulait à sa genèse comme une nouvelle manière de regarder le monde et de se montrer à ce monde.

L'ivoirité est ce par quoi l'Ivoirien devra participer au concert des nations sans aucun complexe. Ce rendez à l'universel présuppose une nette acceptation de soi, une fierté de sa particularité. À l'évidence, « en donnant forme et respect à l'IVOIRITE (engendré par la griotique) nous avons là un apport consistant à présenter à toute l'Afrique qui pourra avec fierté la présenter à l'Univers »[17]. Il en découle que l'ivoirité dans sa version originelle est constitutive d'une nouvelle conscience, « (...) dans un contexte culturel d'affirmation de ce que les Ivoiriens apportaient à la construction de l'identité culturelle africaine, elle-même partie intégrante de l'humanité »[18]. De fait, l'ivoirité est une figure particulière de l'histoire de l'humanité, à côté d'autres peuples. Il s'agit pour l'Ivoirien d'aller vers l'Autre, soit pour en faire le moyen de sa propre réalisation, soit pour s'offrir soi-même comme moyen de sa réalisation. Inévitablement se crée, par l'ivoirité, une rencontre avec l'Autre. Relation qui se vit sous le mode du partage, du donner et du recevoir. Partager avec autrui ce que nous avons, ce que nous

---

[16] Ramsès L., BOA THIEMELE, *L'ivoirité entre culture et politique*, Paris, L'Harmattan, 2003, p. 10.
[17] *Idem.*
[18] BOA Thiémélé Ramsès, *L'ivoirité et l'unité de la Côte d'Ivoire*, Abidjan, Les Editions du Cérap, 2015, p. 28.

sommes et ce que nous savons, voilà finalement le charme de la vie elle-même, la portée principielle de l'ivoirité.

À la différence de l'ivoirité ivoiritaire, l'ivoirité originelle veut que l'Autre vienne à imprimer sa marque sur son existence, car son être - au - monde se vit sous le mode de l'être - avec. Cela revient à souligner que dans sa singularité, l'ivoirité souhaite la médiation de l'Autre. Partant, la singularité, l'individualité apparaissent comme vidées de tout contenu, car l'homme ne saurait supporter et concevoir ce retrait dans une sorte de solipsisme. Au cœur du projet de l'existence humaine, ne se trouve-t-elle pas inscrite l'altérité comme sa réalité fondamentale ?

Recherche d'une identité nationale, l'ivoirité originelle est à ce titre le levain d'un patriotisme ouvert sur le monde. Cette ouverture requiert une quête active de soi à l'intérieur des particularités ouvertes les unes sur les autres. Autrement dit, le dialogue avec les autres présuppose l'affirmation de son appartenance à une ère culturelle. Et nous le savons, la culture est « ce qui structure la vision du monde d'un peuple, détermine sa capacité et son mode d'insertion dans son environnement, spécifie et garantit son identité par rapport aux autres »[19]. Élément de consolidation et de création d'identités, la culture « est ainsi l'épiphanie de la subjectivité et de la réalité de l'homme. En d'autres termes, elle est la manifestation de ce que l'homme est réellement »[20]. Par conséquent, la culture « constitue la sève vivifiante de tout devenir historique »[21]. Aujourd'hui, nous avons besoin de nouvelles valeurs, mais tout en nous enracinant dans notre

---

[19] Vincent Davy KACOU Oi Kacou, *Penser l'Afrique avec Ricœur*, Paris, L'Harmattan, 2014, p. 176.
[20] *Idem*, p. 177.
[21] *Ibidem*.

culture. S'enraciner dans notre culture, ce n'est pas la regarder de dos, mais de face. C'est la fixer et l'interroger. C'est lui faire avouer l'inavouable, c'est lui faire dire l'indicible. Tel un arbre qui veut grandir, nous avons besoin de racines solides qui s'enfoncent dans la terre nourricière pour nous humecter de l'humus de leur milieu. Sans ce milieu, la racine ne peut pas s'enfoncer profondément.

II. De la reconquête de l'identité perdue à l'historialité africaine

2.1. De la conscience historique comme modalité de l'historicité poétique africaine

L'homme est un être historial qui connaît son passé, son histoire, et l'assume en tant que son identité spécifique dans l'histoire cosmique. Il est un fait historique dans la nature. À ce titre, l'homme en général, et en particulier, l'Africain doit s'approprier son histoire, car le passé approprié est la source vivante du présent ; pas d'existence sans tradition. Dans *Histoire et vérité,* Ricœur laisse poindre que l'histoire que nous écrivons, l'histoire rétrospective (die historie) est rendue possible par l'histoire qui s'est faite (die Geschichte).

Chaque peuple est attaché à son histoire. Aucun individu ne peut se départir de ce qu'il a été. Il faut aimer son histoire. Mais aimer son histoire, c'est aussi l'assumer. Et assumer son histoire, c'est accepter sa vérité implacable, c'est-à-dire qu'elle n'est toujours pas reluisante. C'est admettre qu'elle a connu des hauts et des bas. Tout homme doit avoir le sentiment d'appartenir à un passé.

Pour l'Afrique, assumer son histoire, ce n'est pas la brandir comme un trophée aux yeux du monde, mais c'est admettre que l'histoire est cumulative. Ainsi, il faut s'arc-bouter contre la charge toujours plus pesante et écrasante du passé qui entrave sa marche comme un obscur et invisible fardeau. L'on doit utiliser le passé et le mettre au service de sa puissance en y puisant des énergies qui promettent l'avenir : « Le passé approprié est la source vivante du présent ; pas d'existence sans tradition »[22]. Il s'agit de prendre appui sur le passé afin de fournir les moyens d'inventer le futur au lieu de s'éterniser ou se complaire dans une situation de médiocrité sans chercher à transcender l'immédiateté existentielle.

Dans la préface de *Histoire de l'Afrique noire, d'hier à aujourd'hui,* Braudel Fernand montre pertinemment que « l'histoire c'est l'homme, toujours l'homme, et ses admirables efforts »[23]. L'Afrique ne devrait plus seulement penser au passé, mais concevoir que le destin de l'Africain, c'est de se dépasser, se surpasser pour comprendre le présent et bâtir le futur. Cela exige un travail d'exhumation et d'animation de notre histoire[24], le courage du retour à son passé quel qu'il soit afin de vivre le présent et d'inventer le futur. Si nous voulons un autrement qu'être de l'Afrique, nous devons être maîtres de notre destin.

---

[22] Paul Ricœur, *Karl Jaspers et la philosophie de l'existence (*Mikel Dufrenne), Paris, Seuil, 1947, p. 312.

[23] Joseph Ki-Zerbo, *Histoire de l'Afrique noire, d'hier à aujourd'hui*, Paris, Hatier, 1978, p. 4.

[24] Cheikh Anta Diop, *Les fondements économiques et culturels d'un Etat fédéral d'Afrique Noire*, Edition revue et corrigée, Paris, Présence Africaine, 1974, p. 16.

Il faut alors rompre avec le complexe d'infériorité, vaincre les obstacles qui empêchent le développement de l'Afrique aux dépens du sentiment historique. Cheikh Anta Diop dira à juste titre que « l'essentiel pour le peuple est de retrouver le fil conducteur qui le relie à son passé ancestral le plus lointain possible. Devant les agressions culturelles de toutes sortes, devant tous les facteurs désagrégeant du monde extérieur, l'arme culturelle la plus efficace dont puisse se doter un peuple est ce sentiment de continuité historique »[25]. Le sentiment historique est ce qui peut vaincre le sentiment diffus de n'être rien et de ne rien avoir à proposer aux autres. Il s'agit donc d'un travail d'exhumation et d'animation de notre histoire[26].

La conscience historique africaine en tant qu'appropriation de notre histoire, attaque frontale de la réalité fuyante du passé tel qu'il fût s'avère une nécessité obligatoire. Il faut donc examiner notre passé d'un point de vue critique. Il nous faut nier notre être intime pour devenir nous-mêmes, c'est-à-dire autrement.

2.2. De l'historialité comme déploiement de la conscience historique

D'entrée de jeu, retenons que l'historialité est la condition historique et temporelle de l'homme, en même tant que l'élan humain vers l'avenir. C'est le déploiement de la conscience historique de l'homme. En ce sens, l'histoire de l'Afrique doit servir aussi bien la vie passée

---

[25] Cheikh Anta DIOP, *Antériorité des civilisations nègres – mythe ou vérité historique ?* Paris, Présence Africaine, 1967, p. 271.

[26] Cheikh Anta DIOP, *Les fondements économiques et culturels d'un Etat fédéral d'Afrique Noire*, Edition revue et corrigée, Paris, Présence Africaine, 1974, p. 16.

que la vie future. Cela requiert une rupture épistémologique. Selon le philosophe au marteau, nul « (…) ne peut vivre, s'il n'a pas la force de briser et de dissoudre une partie de son passé, s'il ne fait pas de temps à autre usage de cette force : il faut pour cela trainer son passé en justice, lui faire subir un sévère interrogatoire et enfin le condamner – car tout ce qui relève de l'homme a toujours été soumis à la puissance et à la faiblesse humaine. Ce n'est pas la justice qui juge ici : c'est encore moins la grâce qui prononce le verdict : mais la vie seule, cette puissance obscure, entrainante, insatiablement assoiffée d'elle-même »[27].

Autrement dit, il nous faut examiner notre passé d'un point de vue critique en le faisant passer sous le crible de notre raison. Il nous faut nier notre être intime pour devenir nous-mêmes, c'est-à-dire autrement. Il nous faut passer le fer à notre racine, afin de la débarrasser de ses éléments morts et purifier ses éléments vivants. Kä Mana affirme à cet égard que « la vraie Afrique a son sens dans une reprise critique de toutes les traditions qui la constituent et de toutes les autres qu'elle devrait encore assimiler pour une nouvelle institution imaginaire de la dynamique sociale »[28]. La critique, l'auto-critique permettra de libérer les esprits de toute sorte de scories et façonner une nouvelle personnalité africaine, car pour sa consolidation, l'Afrique a besoin audacieux comme Prométhée pour voler le feu qui éclaire, le feu de la modernité. Sans « ce sursaut prométhéen dont sont

---

[27] Nietzche, *Considérations inactuelles I&II*, trad. Pierre Rusch, Paris, Gallimard, 1990, p. 113.
[28] Kä Mana, *Théologie africaine pour temps de crise. Christianisme et reconstruction de l'Afrique.* Paris, Karthala, 1993 p. 124.

capables les peuples qui ne veulent pas se laisser mourir »[29], l'Afrique demeurera toujours à la traine.

Il va sans dire que « l'Afrique moderne a besoin d'hommes exigeants vis-à-vis d'eux-mêmes et vis-à-vis des autres, qui ne se contentent de l'à-peu-près ni se satisfont allégrement de la médiocrité »[30]. L'Africain nouveau doit transvaluer les valeurs, c'est-à-dire prendre « courageusement conscience de soi et dire oui à ce qui est déjà réalisé, se libérer de l'ornière des vieux jugements de valeur qui déshonorent encore nos conquêtes les meilleures et les plus fortes »[31]. Cette transvaluation des valeurs permettra d'accepter l'Afrique autrement, de vouloir une autre Afrique, une A-frique ; l'Afrique renouvelée, l'Afrique qui renait et non l'Afrique qui sort de ses cendres, non l'Afrique calcinée. Notre génération doit vouloir une Afrique nouvelle. À l'Africain authentique, nous voulons substituer l'authentique Africain ; cet homme qui a lutté contre l'oppression, qui ne se lasse pas de vaincre, qui tient à sa dignité, qui refuse d'abdiquer quelles que soient les difficultés.

2.3. La dégaoutique comme vecteur de l'historicité poétique africaine

S'inscrivant dans la continuité de l'historialité entendue comme déploiement de la conscience historique, la

---

[29] Jean Paul NGOUPANDE, *Les racines historiques et culturelles de la crise africaine*, Abidjan, Les Editions UCAO, 2006, p. 74.

[30] Njoh-Mouelle, *De la médiocrité à l'excellence, Essai sur la signification humaine du développement*. Yaoundé, Editions CLE, 1970, p. 25.

[31] Nietzsche, *La volonté de puissance*, II, § 12, trad. Geneviève Bianquis, Paris, tel Gallimard, 1995, p. 274.

dégaoutique[32] apparaît comme un instrument dans la quête de la connaissance de nos cultures. Elle est, en effet, la saisie critique, raisonnée, des choses et des hommes dans un même mouvement. Autrement dit, elle est le triomphe de la raison raisonnante sur toute chose. De ce fait, elle invite à renoncer au dogmatisme béat et à la naïveté hors du commun pour puiser en nous-mêmes ce que nous avons de foi, d'intelligence et d'énergie pour marcher, non pas à la traîne, mais à l'avant-garde des milliers de penseurs et d'hommes d'affaires, qui de par le monde, croient encore en nous.

L'historicité poétique est créance et fiance parce qu'elle engage et exige que l'on se détermine comme protagoniste de son devenir en vue d'une reconstruction de soi et du monde[33]. Cela revient à dire que la dégaoutique consiste à croire en soi et en ses valeurs culturelles pour s'arracher de la psychose qu'on a vis-à-vis de sa culture. L'Africain ne doit pas avoir de la répugnance pour sa culture, mais plutôt la faire passer au crible de la raison.

---

[32] La racine provient du vieux breton « gou » en comparaison avec les mots « gau » en gallois, « gow » en cornique, « gó » en gaélique et de l'adjectif « gaou /ˈgɔw/ » qui signifie mensonge, tord, préjudice. Dans l'argot ivoirien, *« gaou »* se rapporte à une personne qui se qualifie par sa naïveté hors du commun. La dégaoutique est une école qui est entrain d'être mise en place par le professeur Boa Thiémélé Ramsès dans le cadre de la conscience historique des peuples, avec notre concours et celui de bien d'autres chercheurs.

[33] Vincent KACOU, « L'herméneutique du soi chez Paul Ricœur. Prolégomènes à une éthique de la reconstruction de l'Afrique », *Revue de l'enseignement et de la recherche philosophiques*. Actes du colloque international sur le personnalisme : Les intellectuels africains et européens en lutte contre l'oppression, pour la dignité de la personne », numéro spécial, Porto-Novo, Bibliothèque Nationale, 2009.

La dégaoutique exige dans ce cas que l'on possède à la fois une véritable connaissance des Écritures et de la culture. Cela constitue un défi aux prêtres africains. L'Afrique, nous le savons, est déracinée parce que la façon d'être, de penser et d'agir des Africains empêche toute dynamique de progrès et autorise à parler, sans excès, de l'existence d'une culture de régression dans le continent noir[34]. Vouloir être, penser, vivre, comme les Occidentaux n'est pas mauvais en soi. Mais il convient de trouver la manière pour conjuguer ces deux civilisations, quoique par essence antinomiques. La manière, c'est l'appropriation de notre véritable histoire, la réappropriation salutaire de la mémoire, car le « passé approprié est la source vivante du présent ; pas d'existence sans tradition »[35].

La dégaoutique est ce par quoi l'Africain appréciera à sa juste valeur un fait culturel donné. Précisons toutefois que l'appropriation de la culture que prône la dégaoutique n'est pas un repli sur soi qui engendrera l'ethnocentrisme, le clanisme, le tribalisme et le conservatisme, mais une attitude révolutionnaire de sa culture consistant à la purifier par l'emprunt des nouveaux éléments réformateurs et progressistes. Ce serait d'ailleurs idiot et contre témoignage, de notre part, de nous enfermer dans notre particularisme, car l'historicité poétique implique « une rencontre éthique qui se veut dessaisissement de soi pour l'autre que soi »[36]. L'historicité poétique africaine dans la

---

[34] Cheikh YERIM Seck, *Afrique : le spectre de l'échec*, Editions L'Harmattan, Paris, 2000, p. 248.

[35] Paul RICŒUR, *Karl Jaspers et la philosophie de l'existence*, Paris, Seuil, 1947, p. 312.

[36] Vincent Davy KACOU Oi Kacou, « Le paradoxe de la responsabilité », RUCAO, n°37, 2012, p. 116. (Cf. du même auteur, *Il Volto come origine della responsabilità : Il paradosso della*

trame de l'histoire universelle n'est pas une simple quête d'identité culturelle, mais le rejet d'une certaine forme de mépris d'infantilisation de l'homme noir. C'est le processus par lequel la culture africaine doit être reconnue, acceptée et affirmée. Loin d'être d'une vaine exaltation de l'Afrique, l'historicité poétique africaine se veut une rencontre rédemptrice ; le renouvellement de l'homme et de l'histoire. Il ne s'agit pas de faire de l'Africain quelqu'un qui est étranger à lui même, mais vraiment lui-même. Cela ne passe-t-il pas par la toposéité significative qui enseigne qu'il faille saisir l'homme comme unité de l'enracinement et de la communion ? Le paradigme *Ubuntu* et par l'exercice de la raison publique ne constituent-ils pas le prodrome de l'historicité poétique africaine dans la trame de l'histoire universelle ?

III. La toposeité significative comme point nodal de l'historicité poétique africaine

3.1. La mémoire dans la consolidation de l'historicité poétique africaine

La toposéité significative est l'espace commun du sens de l'existence. Elle entend promouvoir le dialogue authentique des esprits, le « dépassement de l'insularité quasi-monadique qui conduit chacun dans une sorte d'autosatisfaction de ce qu'il est et de ce qu'il sait »[37] pour

responsabilità, tradotto da Renata Ferrata, Teramo, Prospettiva Persona, n° 81-82/12, 2012, p. 19).

[37] Georges Zongo, « Le professeur Dibi Kouadio Augustin, pédagogue de l'universel », *Annales philosophiques de l'Ucao, Hommage à un*

un être-ensemble-avec les autres, c'est-à-dire une identité essentielle collectivement vécue et assumée. Nous n'oublions pas que c'est dans le particulier que l'universel trouve sa vie. Chaque chose existe comme singulière, identique à soi et donc différente de l'autre. Chaque chose est comme un soi.

En tant que telle, la toposéité significative dans l'historicité poétique exige d'abord un recours à la mémoire, ensuite la reconnaissance de la dignité de l'homme, et enfin un espace de parole publique où la vérité triompherait du mensonge, la tolérance de la violence, l'humanisme de l'animosité.

La mémoire, rappelons-le, est la faculté psychique par laquelle nous nous en souvenons. Elle est, à cet égard, la capacité et le pouvoir que l'on a de se souvenir. Capacité de l'homme, la mémoire regarde, certes, en arrière, mais est en vue de ce qui vient en avant de l'homme : la création de l'homme en l'homme. Cette possibilité de création de l'homme en l'homme exige un effort de se souvenir, une capacité d'oublier et un pouvoir de pardonner.

Quelles que soient la nature et la gravité du traumatisme, il faut oublier, afin de permettre à la mémoire d'être heureuse, car une mémoire non heureuse est une mémoire « blessée, voire malade »[38]. Une mémoire est dite blessée quand l'histoire vécue l'empêche de fonctionner normalement. Or, c'est en se rappelant, en oubliant et en pardonnant que l'on vit bien et acquiert, par ricochet, une véritable identité de soi. Par la mémoire, l'on

---

maître. Augustin Dibi. Une figure vivante de la pensée pensante, n° 6, Editions Ucao, 2011, p. 64.

[38] Paul RICŒUR, *La mémoire, l'histoire, l'oubli*, Paris, Seuil, 2000, p. 83.

fait un effort de se réapproprier son histoire, et ce, de se raconter, de se reconnaître soi-même : « La mémoire en effet, qui culmine en cette forme suprême de la reconnaissance, n'est pas seulement reconnaissance d'une chose passée, mais reconnaissance de soi-même. Ce lien entre la mémoire et le soi est si étroit que la mémoire a pu être considérée comme le critère par excellence de l'identité personnelle étendue à son tour à toutes les formes d'identité communautaire »[39]. Une mémoire heureuse n'est-elle pas qui cherche à se rappeler et à oublier ? Toutefois, il ne faut pas tout oublier, mais il faut impérativement oublier quelque chose. C'est le lieu ici d'explorer les deux faces de l'oubli dans la quête de soi : l'oubli d'effacement et l'oubli de mise en réserve.

L'oubli d'effacement, c'est l'oubli définitif, l'effacement de toutes les traces dans le cerveau, dans les monuments. Cet oubli est involontaire. Par cet oubli, nous comprenons que les traces laissées par l'expérience originaire ne sont pas indélébiles. Tout ce qui est trace peut être détruit. Les traces sont ainsi continuellement menacées de disparition ou d'effacement. L'oubli d'effacement est consécutif à l'effacement des traces mnésiques.

Quant à l'oubli de mise en réserve, il se veut volontaire et non définitif. Il est temporaire, momentané à la différence de l'oubli d'effacement. Paul Ricœur l'illustre en ces termes : « Je sais jouer au bridge, et quand je ne joue pas au bridge, je continue de savoir, mais je ne m'en sers pas. Il y a donc une mise en réserve »[40]. Dans l'oubli de mise en réserve, la personne oublie, mais ne peut se

[39] Domenico JERVOLINO, *Paul Ricœur. Une herméneutique de la condition humaine*, Paris, Ellipses, 2002, p. 88.
[40] Paul RICŒUR, *La mémoire, l'histoire, l'oubli*, Paris, Seuil, 2000, p. 560.

souvenir de la chose oubliée. Les neuroscientifiques diront que les traces mnésiques persistent dans le cerveau, même si elles ne viennent pas présentement à la conscience. L'oubli de mise en réserve peut être appréhendé comme le caractère « inaperçu de la persévérance du souvenir, de sa soustraction à la vigilance de la conscience »[41]. Ainsi, je peux me souvenir, mais je ne veux pas, du moins momentanément, me souvenir. Je m'en souviendrai lorsque je le désirerai.

Parler de la connaissance des temps révolus comme médium de la réappropriation de soi requiert une mémoire apaisée, c'est-à-dire une réconciliation de la mémoire avec elle-même. Cette réconciliation de la mémoire avec elle-même est ce que nous appelons communément le pardon. De toute évidence, le pardon est un impératif de la vie bonne parce qu'il « fait de la mémoire inquiète une mémoire apaisée, une mémoire heureuse »[42]. En tant que tel, il « délie le passé »[43]. Libérant la mémoire pour la rendre heureuse, le pardon « est avant tout, ouverture à soi et à l'autre que soi »[44]. C'est justement cela qui nous poussera à l'acceptation de notre histoire.

3.2. Le paradigme Ubuntu, modalité de la toposéité significative pour une historicité poétique africaine

Le paradigme *Ubuntu* met bien en évidence la dignité de l'homme. Il est l'expression de l'altérité, de l'ouverture emphatique aux autres. Il symbolise l'amitié préventive.

---

[41] *Ibid.*, p. 271.

[42] Paul RICŒUR, *Parcours de la reconnaissance,* Paris, Gallimard, 2004, p. 210.

[43] Vincent Davy KACOU, *La Réciprocité dans l'amitié. Essai sur l'éthique de surabondance*, Paris, Mon Petit Editeur, 2013, p. 68.

[44] *Idem.*

Ubuntu signifie, en effet, dans la langue zoulou : sans l'autre je n'existe pas, sans l'autre je ne suis rien ; ensemble, nous faisons un. Visant l'unité, la communion et l'unicité de l'être humain, *Ubuntu* enseigne que l'homme est une valeur absolue, qu'il est la valeur des valeurs. Pouvons-nous relever à juste titre : « Toute la valeur du contrat social véhiculé par *ubuntu* est en germe dans la matrice de l'éminente dignité de la personne, parcelle intégrante de *ubuntu* »[45].

L'homme, selon la philosophie sous-jacente au paradigme *Ubuntu,* est le remède de l'homme. Il constitue un antidote contre toutes les sortes de barbarie. Il désamorçait les conflits claniques, les guerres tribales par la gestion des différences. Il est « le remède spécifique du mal mondial, du mal mondialisé, qui traite les désastres sociaux de "coûts humains" »[46]. *Ubuntu* est l'outil le plus performant contre la réification de tout l'homme et de tous les hommes dans la mesure où il défend l'être humain en tant qu'un "*Kulturkampf*", un être culturel.

Selon la philosophie sous-jacente au concept *Ubuntu,* l'homme ne naît pas « je », il naît plutôt « nous ». L'homme n'est homme que par les autres. Visant la dignité de l'homme, il laisse saisir que le « je » et le « nous » sont inextricablement noués et ne peuvent s'épanouir que dans un échange dialectique qui garantit la paix[47]. *Ubuntu* enseigne par ailleurs que toutes les vies se valent. Une vie en vaut une autre. Bien qu'*Ubuntu* vise l'égalité, il exhorte au respect des différences, car par delà nos différences, nous sommes, l'autre et moi, des êtres

---

[45] Joseph Ki-Zerbo, *Repères pour l'Afrique*, Dakar, Panafrika, 2008, p. 115.
[46] *Ibid.*, p. 120.
[47] *Ibid.*, p. 114.

humains. Si je mets entre parenthèses par l'épochè phénoménologique tout ce par quoi je constitue une image de l'autre, avec les différences de langue, de culture, d'histoire, de caractère, je rencontre simplement un être humain, avec lequel je suis toujours déjà familier en moi-même. *Ubuntu* est, par voie de conséquence, l'expression de ce lien plus fort que la mort qui, au-delà des vivants, nous porte à poursuivre la vie commune.

3.3. L'exercice de la raison publique pour une historicité poétique africaine

Quels que soient les conflits et leurs conséquences, l'essentiel serait de retrouver l'arbre à palabre qui, dans les plus anciennes représentations de la justice, symbolise l'enracinement et surplombe les conflits par le vouloir-vivre ensemble. Autrement dit, dans un processus de réconciliation en vue du rétablissement du vivre-ensemble, de la paix, l'on ne peut passer outre le débat public ou l'arbre à palabre que nous désignons par exercice de la raison publique à la suite de John Rawls et d'Amartya Sen.

Nous faisons usage de ce concept parce qu'il prend en compte la possibilité de tous les citoyens de participer aux débats politiques. Il n'exclut personne. À titre illustratif, nous pouvons lire ceci : « Ce concept beaucoup plus vaste et riche comprend la possibilité pour tous les citoyens de participer aux discussions politiques et d'être ainsi en mesure d'influencer les choix relatifs aux affaires publiques »[48].

Loin d'idéaliser l'Afrique traditionnelle, le débat public a de tout temps caractérisé les peuples africains. En effet,

---

[48] Amartya Sen, *La démocratie des autres,* p. 12.

le débat public était le lieu de la liberté d'expression et de la manifestation de l'égalité entre les citoyens même si les cadets ne pouvaient s'exprimer devant les aînés, les femmes et les étrangers n'avaient droit au débat public. Chaque citoyen avait, cependant, la possibilité de se faire entendre. Nous en voulons pour preuve ce qui suit :

> *Tous ceux qui voulaient parler le faisaient. C'était la démocratie sous sa forme la plus pure. Il pouvait y avoir des différences hiérarchiques entre ceux qui parlaient, mais chacun était écouté, chef et sujet, guerrier et sorcier, boutiquier et agriculteur, propriétaire et ouvrier. Les gens parlaient sans être interrompus et les réunions duraient des heures. Le gouvernement avait comme fondement la liberté d'expression de tous les hommes, égaux en tant que citoyens. (Les femmes, j'en ai peur, étaient considérées comme des citoyens de seconde classe)*[49].

Un autre passage de *Un long chemin vers la liberté* met bien en évidence l'idée de la réconciliation, de la quête commune du sens de l'existence par le biais de la discussion publique, du dialogue. Lisons ceci :

> *Les réunions duraient jusqu'à ce qu'on soit arrivé à une sorte de consensus. Elles ne pouvaient se terminer qu'avec l'unanimité ou pas du tout. Cependant, l'unanimité pouvait consister à ne pas être d'accord et à*

---

[49] Nelson Mandela, *Un long chemin vers la liberté*, trad. Jean Guiloineau, Paris, L'école des loisirs, 1996, p. 24.

attendre un moment plus propice pour proposer une solution. La démocratie signifiait qu'on devait écouter tous les hommes, et qu'on devait prendre une décision ensemble en tant que peuple. La règle de la majorité était une notion étrangère. Une minorité ne devait pas être écrasée par une majorité. Ce n'était qu'à la fin de la réunion, quand le soleil se couchait, que le régent parlait. Il avait comme but de résumer ce qui avait été dit et de trouver un consensus entre les diverses opinions. Mais on ne devait imposer aucune solution à ceux qui n'étaient pas d'accord. Si l'on ne pouvait parvenir à aucun accord, il fallait tenir une autre réunion[50].

Il importe alors de savoir que :

> *L'alternative – tâcher de remédier aux défauts de la démocratie par l'autoritarisme et la suppression du débat public – augmente la vulnérabilité d'un pays face aux catastrophes éventuelles (comprenant dans bien des cas la famine), ainsi que l'effritement d'avancées précédemment gagnées, en raison d'un manque de vigilance publique*[51].

De cette manière, la « démocratie ne peut donc pas s'instaurer comme un lieu des passions sauvages et de la

---

[50] *Ibid.*, p. 25.

[51] Armartya Sen, *La démocratie des autres. Pourquoi la liberté n'est pas une invention de l'Occident.* Trad. Monique Bégot. Paris, Payot, 2005, p. 45.

force brute, mais comme le lieu d'une pratique rationnelle et raisonnable où les hommes unis dans un même destin coordonnent leurs actions selon la logique de l'intérêt commun bien pensé »[52]. La démocratie est au contraire une sagesse pratique ; une sagesse exercée en commun. Ce qui fait dire à Paul Ricœur que la « démocratie n'est pas un régime politique sans conflit, mais un régime dans lequel les conflits sont ouverts et négociables selon des règles d'arbitrage connues »[53]. La démocratie entendue comme sagesse pratique requiert une sagesse exercée par soi-même, mais avec et pour les autres dans des institutions justes.

La quête d'un espace commun de l'existence passe nécessairement par la discussion publique qui n'est rien d'autre que le champ politico-éthique de l'exercice de la *phronèsis* à plusieurs. La discussion publique est précisément la réponse socio-politique du soi à bien délibérer, à penser juste, à exercer le discernement en vue d'une vie amitié cordiale, d'un destin commun ; de la toposéité significative.

La toposéité significative en tant qu'espace commun du sens de l'existence a pour principe fondamental le débat public, c'est-à-dire la participation politique liée à deux idéaux forts, à savoir la tolérance et l'ouverture à la discussion.

Pour une historicité poétique africaine dans la trame historique universelle, nous devons donner à la discussion sa base éthique parce que la discussion est un moyen pacifique pour régler les conflits.

---

[52] Kä Mana, *L'Afrique va-t-elle mourir ? Bousculer l'imaginaire africain. Essai d'éthique politique*. Paris, Cerf, 1991, p. 155.
[53] Paul Ricœur, *Soi-même comme un autre*, Paris, Seuil, 1990, p. 300.

Conclusion

Au terme de cette excursion méditative, notons que l'Africain nouveau doit faire une cure de soi pour s'accepter et surmonter son histoire personnelle et collective et accueillir en soi l'autre que soi. La quête d'une identité essentielle collectivement vécue et assumée est une chose. L'accueil en est une autre. Accueillir suppose reconnaissance. Or, que recouvre ce terme ? Hegel dans un passage de sa *Phénoménologie de l'esprit* écrit : « La conscience de soi est en soi et pour soi quand et parce qu'elle est en soi et pour soi pour une autre conscience de soi, c'est-à-dire qu'elle n'est qu'en tant qu'être-reconnu »[54]. Dans la reconnaissance, c'est la conscience de soi qui vient pour ainsi dire en rencontrant l'autre faire face à elle-même. C'est le concept de sa propre identité dans le dédoublement d'elle-même. La reconnaissance signifie que le moi se découvre pleinement élastique en soi, en pleine détente intérieure en lui-même. Cette détente veut dire qu'il laisse surgir en son propre sein déjà la possibilité de l'autre, de l'autre homme en général.

C'est le lieu aussi de noter que dans la reconnaissance se trouve en cause non point l'apparition soudaine d'un trait absolument distinct, mais l'unique mouvement laissant apparaître les différences en même temps qu'il les confirme du dedans. Ce qui apparaît là dans la différence est l'apparaître comme différenciation de l'identique. Le différent veut être vu comme différence signifiante, différence sensée : « Le différent est pour autant

---

[54] Hegel, *Phénoménologie de l'esprit,* tome 1, trad. Jean Hippolyte, Tome 1, p. 155.

immédiatement qu'il n'est pas l'autre. Pour cette raison, précisément, il n'est que dans la mesure où l'autre est. Où l'on voit que la différence suppose relation »[55]. Dans l'historicité poétique africaine, la différence veut être vue alors comme un singulier en pleine animation de soi dans l'universel.

Malgré la convocation de l'universel et à l'universel, nous devons garder notre identité d'être, ne pas oublier ce que nous sommes, d'où nous venons. Il ne faudrait pas se perdre, soit par ségrégation murée dans le particulier soit par dilution dans l'universel[56]. Ce qui nous guette dans la quête identité culturelle, c'est l'ethnicisme, le repli sur soi, le repli identitaire, l'enfermement, le rejet de l'autre, la fermeture à l'autre, aux autres ; c'est aussi l'ignorance de l'autre, de son histoire, de sa culture. De même vouloir trop ressembler à l'autre par imitation ou par assimilation, on s'anéantit. C'est alors la perte de son identité culturelle, de ses repères ancestraux, de son patrimoine culturel, de son terroir. C'est la dilution dans l'universel. Or, l'universel est assimilable à la douceur de l'eau en laquelle tout notre corps vient se rafraichir pour renaître[57]. Affirmation de soi comme réalité distincte et ouverture sur l'altérité, l'ivoirité devient une sorte de vade-mecum laissant transparaître que chaque peuple a, en sa différence un mode de la manifestation de l'universel.

---

[55] Dibi Kouadio Augustin, *L'Afrique et son autre : la différence libérée.* Abidjan, édition Strateca Diffusion, 1994, p. 43.

[56] Cf. Aimé Césaire, *Nègre je suis, je reste. Entretien avec François Vergès*, Paris, Albin Michel, 2005, p. 135.

[57] *Idem*, p. 80.

Résumé

Depuis l'idée de la négritude, avec William DU BOIS dans *Ames Noires*, en 1903, et par la suite avec Senghor, l'Afrique s'est évertuée à faire entendre les échos de sa voix, sans laisser le soin à quelqu'un d'autre de le faire à sa place. Ce qu'elle veut c'est la reconquête de son identité perdue en prenant en main son propre destin. Cela ne sera possible que par l'historicité poétique dans la trame historique universelle.

Cette historicité poétique africaine dans la trame historique universelle suppose avant tout un dépaysement, c'est-à-dire un retour dans les profondeurs abyssales, dans les sources profondes et lointaines de l'être africain pour retrouver notre identité et notre racine culturelles qui ne doivent pas signifier pour nous contradiction, ethnocentrisme, mais saisie de notre réalité d'Africain.

Mots clés : Ivoirité, griotique, poétique, historicité, intelligibilité historique.

.

Bibliographie

- BOA, Thiémélé Ramsès L., *L'ivoirité entre culture et politique*. Paris, L'Harmattan, 2003.
- __________, *L'ivoirité et l'unité de la Côte d'Ivoire*, Abidjan, Les Éditions du Cérap, 2015.
- CESAIRE, Aimé, *Nègre je suis, je reste. Entretien avec François Vergès*, Paris, Albin Michel, 2005.
- CUVIER Georges, *Recherches sur les ossements fossiles*, Vol. 1, Paris, Deterville, 1812.

- DIBI, Kouadio Augustin, *L'Afrique et son autre : la différence libérée.* Abidjan, édition Strateca Diffusion, 1994.

__________, « L'unique du visage comme lieu d'épaisseur éthique ». *Annales philosophiques de l'UCAO*, N°1, Abidjan, Éditions UCAO, 2004.

- DIOP, Cheikh Anta, *Les fondements économiques et culturels d'un État fédéral d'Afrique noire.* Édition revue et corrigée, Paris, Présence Africaine, 1974.
- __________, *Antériorité des civilisations nègres – mythe ou vérité historique ?* Paris, Présence Africaine, 1967.
- GOBINEAU Arthur de, *Introduction à l'Essai sur l'inégalité des races humaines*, Paris, Nouvel Office d'Édition, 1963.
- HAZOUME, Alain. T. et HAZOUME Edgard G., *Afrique, un avenir en sursis*, Paris, L'Harmattan, 1988.
- HEGEL, Georg Friedrich Wilhelm, *La Raison dans l'Histoire. Introduction à la Philosophie de l'Histoire*, trad. Kostas Papaioannou, Paris, Plon, 1965.
- ______, *Phénoménologie de l'esprit,* tome 1, trad. Jean Hippolyte, Paris, Vrin, 1998.
- JERVOLINO, Domenico, *Paul Ricœur. Une herméneutique de la condition humaine*, Paris, Ellipses, 2002.

- KACOU, Vincent Davy, *La Grande politique, une nécessité pour l'Afrique. Lecture interprétative de Friedrich Nietzsche*, Paris, Mon Petit Éditeur, 2012.
- ________, *La Réciprocité dans l'amitié. Essai sur l'éthique de surabondance*, Paris, Mon Petit Éditeur, 2013.
- ________, *Penser l'Afrique avec Ricœur*, Paris, L'Harmattan, 2014.
- ________, « Le paradoxe de la responsabilité », RUCAO, n°37, 2012.
- _______, *Il Volto come origine della responsabilità : Il paradosso della responsabilità*, tradotto da Renata Ferrata, Teramo, Prospettiva Persona, n° 81-82/12, 2012.
- ________, « L'herméneutique du soi chez Paul Ricœur : Prolégomènes à une éthique de la reconstruction de l'Afrique », *Revue de l'enseignement et de la recherche philosophiques*. Actes du colloque international sur le personnalisme : Les intellectuels africains et européens en lutte contre l'oppression, pour la dignité de la personne », numéro spécial, Porto-Novo, Bibliothèque Nationale, 2009.
- KI-ZERBO, Joseph, *Histoire de l'Afrique noire d'hier à aujourd'hui*. Paris, Hatier, 1978.
- _________, *Repères pour l'Afrique*. Dakar, Panafrika, 2008.

- MANA, Kä, *L'Afrique va-t-elle mourir ? Bousculer l'imaginaire africain. Essai d'éthique politique*. Paris, Cerf, 1991.
- ___________, *Théologie africaine pour temps de crise. Christianisme et reconstruction de l'Afrique*. Paris, Karthala, 1993.
- MANDELA, Nelson, *Un long chemin vers la liberté*. Trad. Jean Guiloineau, Paris, L'école des loisirs, 1996.
- NIAVA, Pierre, « De la griotique à l'ivoirité », in *Fraternité Matin* du 21 novembre 1974.
- NIETZSCHE, Friedrich, *Considérations inactuelles 1 et 2*. Trad. Pierre Rusch, Paris, Gallimard, 1990.
- -------------, *La volonté de puissance. Tome II*. Trad. G. Bianquis. Paris, Gallimard, 1995.
- NGOUPANDE, Jean Paul, Les racines historiques et culturelles de la crise africaine, Abidjan, Les Éditions UCAO, 2006.
- NJOH-MOUELLE, Ebénézer, *De la médiocrité à l'excellence. Essai sur la signification humaine du développement*. Yaoundé, Editions CLE, 1970.
- OBENGA Théophile, *Cheikh Anta Diop, Volney et le sphinx. Contribution de Cheikh Anta Diop à l'historiographie mondiale*, Paris, Présence Africaine/Khepera, 1996.
- RICŒUR, Paul, *Karl Jaspers et la philosophie de l'existence (*Mikel Dufrenne), Paris, Seuil, 1947.

- __________, *Soi-même comme un autre,* Paris, Seuil, 1990.
- __________, *Lectures 2. La contrée des philosophes,* Paris, Seuil, 1992.
- __________, *La mémoire, l'histoire, l'oubli*, Paris, Seuil, 2000.
- __________, *Parcours de la reconnaissance,* Paris, Gallimard, 2004.
- SEN, Amartya, *La démocratie des autres. Pourquoi la liberté n'est pas une invention de l'Occident.* Trad. Monique Bégot. Paris, Payot, 2005.
- SERJONA, « Niangoranh Porquet, créateur d'un concept » interview in *Fraternité Matin* du 17 janvier 1974.
- YERIM, Seck Cheikh, *Afrique : le spectre de l'échec.* Paris, L'Harmattan, 2000.
- ZADI, Kessy Marcel, *Culture africaine et gestion de l'entreprise moderne.* Editions CEDA, Abidjan, 1998.
- ZONGO, Georges, « Le professeur Dibi Kouadio Augustin, pédagogue de l'universel », *Annales philosophiques de l'Ucao*, *Hommage à un maître. Augustin Dibi. Une figure vivante de la pensée pensante*, n° 6, Éditions Ucao, 2011.

Philosophie de l'Histoire et Négritude

Joseph Wouako Tchaleu
Phd, Philosphie,
Université de Yaoundé I-Cameroun

Introduction

Le but que nous nous proposons dans cet article consiste en une tâche essentielle : examiner le rapport de la philosophie de l'Histoire et de la Négritude, en élucidant notamment le problème de l'intelligibilité dans la rationalité historique.

La philosophie de l'Histoire connaît un essor sans précédent, au point de devenir le concept central de la pensée moderne à la faveur de la diffusion des œuvres de Hegel, dont le caractère euro-centriste prête le flanc à l'idéologie de la race référant à la différenciation des races inégalement perfectible. Quant à la Négritude, il s'agit d'un courant littéraire et politique, né au cours des années 1930 et regroupant des écrivains francophones noirs, comme Aimé Césaire, Léopold Sédar Senghor, Léon-Gontran Damas, etc. Son objectif est la lutte contre le colonialisme. Senghor acquiert sa renommée dans la littérature négro-africaine comme l'éminent théoricien - avec Césaire - du courant politico-culturel de la Négritude.

1- La philosophie de l'Histoire

Hegel prétend que l'Histoire obéit à une téléologie qui peut être déterminée de l'extérieur par un principe transcendant ou idéal ou par des forces immanentes. De plus, le caractère euro-centriste de sa philosophie semble acquiescer l'idéologie de race et d'élite occidentale.

1-2- Hegel : l'Histoire philosophique

Hegel se représente l'Histoire universelle avec une intuition très aigüe « de l'Idée telle qu'elle se présente dans l'Histoire »[58]. Ainsi, le caractère démiurgique de l'Idée, telle qu'elle est nettement campée dans la philosophie de Platon, exerce une influence considérable sur l'éminent philosophe allemand.

1-2-1- L'Idée

De même, le concept d'Idée est identique chez Hegel au concept d'« Esprit », de telle sorte que pour lui, toute la philosophie de l'Histoire doit se résoudre en une tâche unique : « apprendre à connaître l'Esprit dans son rôle de guide »[59].

---

[58]Georg W. F. Hegel, *La Raison dans l'Histoire* (1822), Paris, UGE 10/18, 1986, p.36.
[59]*Ibidem.*, p.39.

Selon Hegel, l'Idée représente le Tout, l'Universel, l'Absolu, l'Éternel, en un mot, Dieu. L'Idée s'incarne dans le monde, tant et si bien que, pour Hegel, « rien ne s'y manifeste qui ne soit, sa majesté et sa magnificence »[60]. Ici aussi, le mythe se transforme en Idée, et l'Idée elle-même devient mythologie.

De plus, Hegel dit que c'est dans le théâtre de l'Histoire universelle que la Raison se manifeste. La Raison dont il est question ici, c'est « la Raison divine, absolue »[61].

Hegel considère ses évaluations sur l'Idée, l'Esprit, la Raison, comme des vérités substantielles, des présuppositions premières de l'ensemble de ses réflexions sur l'Histoire qu'il veut ériger en évidences rationnelles. Il précise : « l'Histoire universelle n'est que la manifestation de cette Raison unique, une des formes dans lesquelles elle se révèle : une copie du modèle originel qui s'exprime dans un élément particulier, les peuples »[62].

Dès lors que la Raison s'auto-réalise dans l'Histoire, elle constitue alors, selon Hegel, « la substance de l'Histoire », c'est-à-dire, en fait, « l'Esprit et le cours de son évolution »[63]. Ainsi, Hegel s'engage à suivre jusqu'au bout l'évolution de cet esprit universel dans ses modes de culture.

À cet effet, Hegel utilise la méthode réflexive, c'est-à-dire qu'il pense l'Histoire universelle « avec l'œil du concept, de la Raison... ». La vérité du concept, selon Hegel, réside en ceci qu'il « pénètre la superficie des

---

[60]*Ibid.*, p.49.).
[61]*Ibid.*
[62]*Ibid.*
[63]*Ibid.*, p.70

choses et transperce l'apparence bariolée des événements »[64].

Hegel affirme que chaque époque est dominée par « le peuple qui a saisi le plus haut concept de l'Esprit »[65]. Ce peuple hégémonique est dirigé par son Guide suprême, le Grand homme : « Ce sont maintenant les grands hommes historiques qui saisissent cet universel supérieur et font de lui leur but. Ce sont eux qui réalisent ce but qui correspond au concept supérieur de l'Esprit. C'est pourquoi on doit les nommer héros »[66].

La figure mythique du héros dans l'épopée grecque n'est plus une exaltation illusoire, mais, une réalité concrète dans l'Histoire : « ... Alexandre de Macédoine a conquis une partie de la Grèce, puis l'Asie... Il s'est couvert de gloire... Jules César et les hommes de la même espèce ont tous été poussés par de telles passions... » Ainsi, chez Hegel, l'Histoire universelle ne peut être comprise et explicitée rationnellement qu'en tant que pratique humaine découlant « des intérêts »[67]. Cette quête des intérêts ne saurait être immorale par nature, puisque le Bien en soi, imaginé par les philosophes moralistes - Platon, Aristote, Kant, etc. - n'est autre qu'une vision symbolique.

Pour Hegel, par contre, l'Idée universelle est « la vivante réalité ». Par conséquent, « les passions sont le bras avec lequel elle gouverne »[68]. Du reste, il devient de plus en plus évident que le propos hégélien devenu célèbre par sa portée sociopolitique tire sa signification réelle du

---

[64] *Ibid.*, p.51.
[65] *Ibid.*, p.91.
[66] *Ibid.*, p.120.
[67] *Ibid.*, p.106.
[68] *Ibid.*

principe de la domination : « rien de grand ne s'est accompli dans le monde sans passion »[69]. Hegel ne confine point la réalité de l'Idée dans les principes moraux, mais, surtout, dans l'aptitude de l'homme à survivre aux batailles les plus sauvages. D'où ce « quelque chose d'animal dans la manière dont l'Esprit dans sa particularité s'identifie avec l'Idée »[70].

1-2-3- L'évolution historique

Hegel divise alors l'évolution historique en « une succession d'étapes de la conscience »[71].

Hegel situe « la première époque » au stade de « l'esprit enfantin »[72]. Ici, Hegel décèle l'unité immédiate de l'homme avec la nature et avec la société. Il s'agit du « premier monde patriarcal », « le monde oriental » dans lequel « l'Esprit est quelque chose de substantiel ; l'individu vient s'y ajouter comme un simple accident »[73]. Dans ce monde de non-liberté, en effet, seule subsiste « la volonté de l'unique maître »[74].

Le second monde de l'Esprit, selon Hegel, c'est celui « de la séparation, de la réflexion de l'Esprit en soi, la sortie hors de l'état de la simple obéissance et de la simple confiance »[75]. Hegel scinde cette deuxième condition en deux périodes : « la première est celle de l'adolescence de l'Esprit ; il a une liberté pour soi, celle-ci est encore liée à

---

[69] *Ibid.*, p.108.
[70] *Ibid.*, p.125.
[71] *Ibid.*, p.183.
[72] *Ibid.*, pp.185-186.
[73] *Ibid.*
[74] *Ibid.*
[75] *Ibid.*

la substance. Ce monde est le monde grec »[76]. Par suite, ajoute Hegel, « la deuxième condition est celle de l'âge vivant de l'esprit. Ici, l'individu a des buts pour soi, mais, il ne les atteint qu'en se mettant au service d'un universel, de l'État. Ce monde est le monde romain »[77].

La quatrième étape de l'évolution historique, vue par Hegel, c'est « l'ère germanique, le monde chrétien »[78]. Ici, dit Hegel, « l'Esprit divin est venu dans le monde, a pris place dans l'individu qui est maintenant complètement libre et possède en soi une liberté substantielle »[79].

À la suite de la mise en saillie des étapes successives de l'évolution de l'homme dans l'Histoire, Hegel s'applique à décrire « les conditions naturelles », et, spécifiquement, « les fondements géographiques de l'Histoire universelle »[80].

Hegel prétend, dans un premier temps, que la très grande pression exercée par la nature sur l'activité humaine ne peut pas être « le théâtre de l'Histoire universelle », en particulier « la zone chaude et la zone froide »[81].

En revanche, précise Hegel, « c'est la zone tempérée qui a servi de théâtre pour le spectacle de l'Histoire universelle »[82]. Hegel fait ainsi allusion à l'Europe. Seulement, il fait cette précision édifiante en laissant apparaître, en arrière-plan, la primauté de la race aryenne :

---

[76]*Ibid.*
[77]*Ibid.*
[78]*Ibid.*
[79]*Ibid.*
[80]*Ibid.*, p. 219.).
[81]*Ibid.*, p.221.
[82] *Ibid.*

« parmi les zones tempérées, c'est à son tour la zone nordique qui est seule apte à remplir ce rôle »[83].

Pour Hegel, il faut comprendre en substance le terme « Afrique » comme « un monde anhistorique non-développé, entièrement prisonnier de l'esprit naturel et dont la place se trouve encore au seuil de l'Histoire universelle »[84].

Pour Hegel, l'Histoire apparaît originellement en Asie, le lieu du surgissement primordial de l'Esprit : « l'Asie est de façon absolue l'Orient. C'est là qu'est apparue la lumière de l'Esprit, la conscience d'un élément universel, et, par là même, l'histoire du monde »[85]. Or, l'Histoire universelle trouve le terme de son évolution en Europe : « l'Europe est véritablement le terme et l'Asie, le commencement »[86].

Hegel s'interdit à lui-même de voir la véritable lumière fondatrice de l'Histoire universelle au sein de l'Égypte nègre. Ce que tout analyste critique peut lui reprocher ici tient moins à sa glorification de l'histoire de l'Europe qu'à sa transformation de l'Histoire en Ontologie.

1-2-4- Le miracle grec

Dans ses *Leçons sur l'histoire de la philosophie*, Hegel présente, en une remarquable recension, la philosophie grecque des sophistes aux socratiques. Hegel déclare à l'ouverture de ses *Leçons* : « ces leçons ont pour objet l'histoire de la philosophie. Ce que représente cette histoire c'est la suite des nobles esprits, la galerie des

[83] *Ibid.*
[84] *Ibid.*
[85] *Ibid.*, p.270.
[86] *Ibid.*, p.280.

héros de la raison pensante qui, par la vertu de cette raison, ont pénétré dans l'essence de Dieu, et nous ont acquis par leur effort le trésor suprême, celui de la connaissance rationnelle. Ce que nous sommes historiquement…, c'est l'héritage et le résultat du labeur de toutes les générations antérieures du genre humain… De même, nous devons ce que nous sommes, en fait de science et, plus précisément, de philosophie, à la tradition qui passe comme une chaîne sacrée à travers tout ce qui est passager, donc passé, et qui nous a conservé et transmis tout ce qu'a produit le temps passé… Ce qu'est notre philosophie n'existe essentiellement qu'en cet enchaînement et en est nécessairement dérivé.

L'Histoire ne nous présente pas le devenir de choses étrangères, mais notre devenir, le devenir de notre science »[87].

Hegel entame son parcours philosophique par ce qu'il considère comme le lieu originaire d'émergence de la philosophie. Il élucide cette parturition fondatrice de la philosophie occidentale en ces termes : « l'apparition de la philosophie exige la conscience de la liberté, il s'ensuit que la philosophie réclame un peuple dont l'existence se fonde sur ce principe ; nous demandions dans ce but que la pensée soit auprès d'elle-même, c'est-à-dire que l'esprit se sépare de l'élément naturel, qu'il ne soit plus plongé dans la matière, dans l'intuition, dans le vouloir qui est nature. La forme qui précède ce degré est l'unité de l'esprit et de la nature. Cette unité, étant primitive, et au début, n'est pas la véritable. Ils se trompent tous ceux qui considèrent l'unité de l'esprit et de la nature comme la meilleure attitude de la conscience. Ce degré est plutôt le plus bas, le

---

[87]Hegel, *Leçons sur l'histoire de la philosophie*, Paris, éd. Gallimard, 2007. Introduction : Système et histoire de la philosophie.

moins vrai, il n'est pas produit par l'esprit lui-même. C'est d'une manière générale la position de l'Orient.

Mais la forme première de la libre, spirituelle conscience de soi, par suite le commencement de la philosophie, se trouve chez les Grecs »[88].

Pour Hegel, il est question de commencer l'exploration philosophique par le « commencement de la pensée philosophante », pour aboutir, enfin, à l'étape ultime où « l'idée prend la forme de la totalité »[89]. Donc, le penseur européen doit retrouver sa terre natale en Grèce, parce que c'est là, selon Hegel, que l'esprit advient originellement à l'existence : « chez les Grecs, nous nous sentons aussitôt chez nous, car nous nous trouvons sur le terrain de l'esprit »[90]. Cela signifie que « l'ascension proprement dite et la véritable renaissance de l'esprit doivent être cherchées d'abord en Grèce »[91].

1-2-5- L'esclavage

Hegel formule une vision euro-centriste du monde qui l'amène à comprendre la nature des rapports sociaux de type esclavagiste sous un angle pédagogique et cela en fonction du statut qu'il assigne à l'individu au sein de la société européenne.

Pour Hegel, « la justification de l'esclavage, quelles que soient les raisons alléguées pour le fonder : la capture en cas de guerre, la vie sauve, la subsistance assurée, l'éducation, le bien fait, le consentement libre… comme la justification de la domination par le simple droit du maître,

---

[88]*Ibidem.*, p.12.
[89]*Ibidem.*
[90]Hegel, *Leçons sur la philosophie de l'Histoire*, *op. cit.*, p.171.
[91]*Ibidem.*

ainsi que toutes les considérations historiques sur le droit d'esclavage et de domination, reposent sur le point de vue qui consiste à appréhender l'homme comme être naturel, selon une existence… qui n'est pas conforme à son concept »[92].

Mais, Hegel confère à l'esclavage une valeur d'éducation à la vie civilisée, afin que l'esclave puisse sortir de son état inculte pour bénéficier des bienfaits de la civilisation. A propos de l'esclavage des Nègres, en particulier, Hegel pontifie : « le seul lien essentiel que les Nègres aient eu et aient encore avec les Européens, c'est celui de l'esclavage. Les Nègres ne voient rien dans cette pratique qui ne leur convienne et les Anglais, justement, qui ont fait le plus pour l'abolition du commerce des esclaves et de l'esclavage sont traités par eux-mêmes comme des ennemis. Car il est d'une importance capitale pour les rois de vendre leurs ennemis prisonniers ou même leurs propres sujets, et ainsi l'esclavage a fait naître plus d'humanité parmi les Nègres… L'esclavage…constitue un moment du progrès à partir de l'existence simplement isolée, matérielle, un degré d'éducation, une sorte de participation à une moralité supérieure et à la culture qui s'y rattache »[93].

Aussi, Hegel prône-t-il, au regard de l'évolution historique nouvelle impulsée par les Anglais à travers leur orientation politique abolitionniste, une politique réformiste graduelle : « l'abolition graduelle de l'esclavage est donc une chose plus convenable et plus juste que n'en serait la suppression soudaine »[94].

---

[92]Hegel, *Principes de la philosophie du droit*, p. 164. Traduction Jean-François Kervégan, Paris, PUF, 2003.
[93]Hegel, *Leçons sur la philosophie de l'Histoire*, *op. cit.*, p.92.
[94]*Ibidem.*

Cette philosophie est enseignée par Hegel en Allemagne pendant 25 ans, de 1805 à 1830. Hegel est d'ailleurs, de par le prestige que lui procure cet enseignement auprès de la jeunesse allemande, élevé au rang de philosophe officiel ayant la plus haute autorité en la matière en Allemagne.

1-2-6- L'Égypte

Or, Hegel a une bonne connaissance de l'Égypte, dont il reconnaît d'ailleurs la grande portée symbolique de son art. Mais, ce que le philosophe ne peut concevoir, c'est que la civilisation égyptienne soit, en tous points, une civilisation nègre.

Dans une section centrée sur « la symbolique proprement dite », de son ouvrage d'esthétique[95] publié à titre posthume, Hegel s'applique à étudier successivement : « 1/Religion égyptienne ; Idées des Égyptiens sur les morts ; Pyramides. 2/ Culte des morts ; Masques d'animaux. 3/Perfection de la forme symbolique : Memnon, Isis et Osiris. Le Sphinx »[96].

Hegel appréhende l'art symbolique égyptien comme un dépassement de l'art oriental, demeuré dans « la confusion et l'identité du *fond* et de la *forme*, de l'esprit et de la nature »[97]. En revanche, Hegel y perçoit quand même la séparation de la forme et du fond. Seulement, précise-t-il, « l'imagination a cherché vainement à les combiner, et n'est parvenue qu'à faire éclater leur

[95]Hegel, *Esthétique* (1818-1830), Paris, Librairie Germer-Baillère, 1875, tome premier (1835), pp.109-113.
[96]*Ibidem.*, p.109.
[97]*Ibid.* Souligné dans le texte.

disproportion »[98]. Car, pour atteindre à la plénitude de la représentation symbolique, Hegel exige de la pensée une démarche essentiellement abstraite : « il faut qu'elle s'affranchisse et se dépouille de la forme matérielle ; qu'elle la détruise »[99].

Pour Hegel, l'esprit ne parvient « à prendre conscience de lui-même et de sa spiritualité »[100] qu'à l'issue du processus existentiel « de la destruction, de la *négation* ou de l'anéantissement »[101]. Ce processus destructeur ne peut être entendu rationnellement qu'au moyen de « l'idée de la *mort* comme moment de la nature divine »[102]. Or, ce principe de l'anéantissement, « de la mort et de la *résurrection* », compris par Hegel comme séquences et caractères « de la nature divine », constitue le creuset d'une religion de type nouveau. Hegel prétend voir l'expression de cette religion nouvelle par le biais des formes de culte, des conceptions et des monuments de cette religion : « C'est le caractère fondamental de l'art et de la religion de l'*Égypte* »[103].

Dans la religion égyptienne, en effet, l'esprit ne demeure point dans un état de négation absolu de soi. La mort est pour lui le moyen nécessaire « pour passer à une existence supérieure, pour arriver, après la destruction de l'existence visible, par la résurrection à l'immortalité divine »[104]. Par conséquent, la mort est, chez les Égyptiens, un moment nécessaire de la vie de l'esprit, qui

---

[98] *Ibid.*
[99] *Ibid.*
[100] *Ibid.*
[101] *Ibid.* Souligné dans le texte
[102] *Ibid.* Souligné dans le texte
[103] *Ibid.* Souligné dans le texte
[104] *Ibid.*

débouche alors sur l'irruption « d'un principe plus élevé » consacrant « le triomphe de l'esprit »[105].

Au terme de la lutte du principe formel et du principe matériel, dit Hegel, la représentation « physique » de l'œuvre d'art n'a plus de signification, puisque toute signification dérive, d'ores et déjà, de la seule activité de l'esprit : « la forme se subordonne à l'Idée »[106] (*Ibid.*). D'où la fertilité « de l'imagination » qui représente « le fantastique » et « apaise » l'esprit. Donc, « les conceptions précédentes (indiennes et persanes) sont remplacées par un mode de représentation *énigmatique* ; il est vrai, mais supérieur, et qui nous offre le vrai caractère du *symbole* »[107].

Par le biais du symbole, l'Idée commence à s'appréhender elle-même comme réalité, le principe formel s'affermit plus précisément, et, « de son côté, le symbole prend une forme plus précise »[108]. Cependant, précise Hegel, le symbole ne peut pas « encore apparaître » ici « dans toute sa clarté »[109].

Hegel évoque à l'appui de sa conception de l'art symbolique égyptien, l'usage par les Égyptiens des « phénomènes et » des « lois de la nature », notamment : « La germination et l'accroissement des plantes, les phases du cours du soleil, la succession des saisons, les phénomènes de l'accroissement et de la décroissance du Nil, etc. »[110].

---

[105] *Ibid.*
[106] *Ibid.*
[107] *Ibid.* Souligné dans le texte. La parenthèse est de nous.
[108] *Ibid.*
[109] *Ibid.*
[110] *Ibid.*

À ce stade de la représentation symbolique, Hegel perçoit l'abandon du fantastique au profit d'une représentation rationnelle « des formes symboliques »[111].

Aussi, l'imagination se réfléchit-elle plus calmement en soi-même à partir de la forme précise et montre « plus de calme et de raison »[112]. Qui plus est, cette représentation symbolique s'exprime absolument au moyen du « nombre ». Pour Hegel, en effet, « la symbolique des nombres joue un très grand rôle dans l'art égyptien »[113]. Hegel découvre ainsi la puissance unificatrice et omniprésente des nombres à l'origine de la métaphysique pythagoricienne et platonicienne. Cette sacralisation du nombre par les Égyptiens est résumée idéalement par le « symbole général » du « *Phénix* », qui se consume lui-même et renaît de ses cendres »[114].

Donc, c'est l'Égypte qui, la première, représente l'idée fondamentale de la résurrection après la mort. En tout cas, reconnaît Hegel, « en Orient, les Égyptiens sont le peuple véritablement artiste, ils montrent une activité infatigable pour satisfaire ce besoin de représentation qui les tourmente »[115].

Mais, pour lui, l'esprit, à ce stade de son développement, ne s'est pas encore totalement réfléchi en lui-même, puisque la puissance des Égyptiens dans le monde historique oriental consiste en ce que « c'est surtout un peuple architecte : il a fouillé le sol, creusé des lacs, et, dans son instinct de l'art, il a élevé à la clarté du jour de gigantesques constructions, exécuté au-dessous

---

[111]*Ibid.*
[112]*Ibid.*
[113]*Ibid.* p.110-111.
[114]*Ibid.*, p.111.
[115]*Ibid.*

du sol des ouvrages également immenses. C'était l'occupation, la vie de ce peuple, qui a couvert le pays de ses monuments, nulle part en aussi grande quantité et sous des formes aussi variées »[116].

Hegel met également en saillie la pratique, en usage chez les Égyptiens, des « embaumements », du « culte des morts »[117]. De plus, et c'est là encore une spécificité de la métaphysique égyptienne, Hegel voit apparaître, « pour la première fois, la distinction nette de l'âme et du corps, et le dogme de l'*immortalité* »[118].

Mais, Hegel porte un regard critique sur la forme des pyramides, lesquelles, selon sa façon de voir, cachent « un objet invisible, un être mystique »[119]. Hegel en déduit alors que le culte égyptien a un « côté extérieur superstitieux »[120]. De même, ajoute Hegel, « l'adoration du principe divin dans les animaux » rend ce « culte grossier », lequel « n'est même plus symbolique »[121];

Hegel reconnaît aussi que « L'*écriture hiéroglyphique*, autre forme de l'art égyptien, est elle-même en grande partie symbolique, puisqu'elle fait connaître les idées par des images empruntées à la nature et qui ont quelque analogie avec ces idées »[122].

De plus, Hegel perçoit une forme supérieure dans le « mythe d'Osiris, du dieu égyptien par excellence, de ce dieu qui est engendré, naît, meurt et ressuscite »[123]. Hegel voit alors à travers ce mythe, qui offre « des sens divers,

---

[116]*Ibid.*
[117]*Ibid.*
[118]*Ibid.* Souligné dans le texte.
[119]*Ibid.*, p.112.
[120]*Ibid.*
[121]*Ibid.*
[122]*Ibid.* Souligné dans le texte
[123]*Ibid.*

à la fois physique, historique, moral et religieux ou métaphysique, la supériorité de ces conceptions sur celles de l'art indien »[124].

Mais, dans l'art égyptien, pourtant plus pénétré de profondeur et de spiritualité, dit Hegel,« la figure humaine reste encore sans expression, colossale, sérieuse, pétrifiée »[125]. Hegel croit alors voir cette pétrification dans « ces attitudes des statues égyptiennes, les bras raides, serrés contre le corps, sans grâce, sans mouvement et sans vie, mais absorbées dans une pensée profonde, et pleines de sérieux »[126].

En outre, Hegel critique ce qu'il appelle lui-même « la complication des éléments et des symboles qui s'entremêlent et se réfléchissent les uns dans les autres... De là le caractère obscur, *énigmatique* de ces symboles qui feront toujours le désespoir des savants, énigmes pour les Égyptiens eux-mêmes »[127]. Car, les emblèmes égyptiens recèlent « une multitude de sens profonds », mais, ils restent encore « un témoignage des efforts infructueux de l'esprit pour se comprendre lui-même »[128]. Ce symbolisme énigmatique est représenté « par un symbole qui résume toutes ces énigmes, le *Sphinx* »[129].

Hegel souligne que « cette énigme, l'Égypte la proposera à la Grèce, qui elle-même en fera le problème

---

[124]*Ibid.*
[125]*Ibid.*
[126]*Ibid.*
[127]*Ibid.*
[128]*Ibid.*, pp.112-113.
[129]*Ibid.*, p.113. Souligné dans le texte. Dans l'Égypte antique, le Sphinx est une chimère avec un corps de lion et une tête d'homme représentant le pharaon. La représentation symbolique la plus connue est le Sphinx de Gizeh.

de la religion et de la philosophie »[130]. Hegel croit alors déceler la signification de cette énigme, « jamais résolue et qui se résout sans cesse », à travers la figure de « l'*homme* ». Hegel conclut : « *connais-toi toi-même*, telle est la maxime que la Grèce inscrivit sur le fronton de ses temples, le problème qu'elle posa à ses sages, comme le but même de la sagesse »[131].

Seulement, Hegel justifie son analyse sur cet immense apport de la civilisation égyptienne au développement du monde historique antique à la seule condition que les réquisits de cette civilisation ne soient jamais l'œuvre des Nègres.

1-2-7- L'Afrique[132]

Hegel évoque l'Afrique à l'introduction de ses *Leçons sur la philosophie de l'Histoire* (1822-1830) à seule fin d'expliquer qu'il n'est point utile de traiter d'un continent anhistorique en philosophie de l'Histoire. De même, il évoque l'Afrique dans ses *Leçons sur la Philosophie de la religion* (1821-1831) pour établir que la religion africaine n'a pas encore accédé à la dignité d'une religion authentique : « là-dessus, dit Hegel, nous laissons l'Afrique pour n'en plus faire mention par la suite. Ce n'est pas une partie du monde historique »[133].

---

[130] *Ibid.*

[131] *Ibid.* Souligné dans le texte.

[132] Pour une compréhension plus étendue du rapport de Hegel à l'Afrique, voir l'excellent article de Pierre Quillet, « Hegel et l'Afrique », in *Ethiopiques*, numéro6, revue socialiste de culture négro-africaine, Dakar, 1976.

[133] Hegel, *Leçons sur la philosophie de l'Histoire*, traduction J. Gibelin, éd. Vrin, 1937. Introduction.

1-2-7-1- Une terre inconnue et sauvage

Hegel connaît l'Égypte, Carthage et l'Arabie islamique. Au sujet de l'Égypte, sa connaissance sur la géographie de ce pays est subsumée sous son paradigme de départ : L'Égypte antique ne fait point partie du continent africain. Mieux, c'est un pays du Moyen-Orient. Donc, la civilisation égyptienne n'a aucun point commun avec la civilisation nubienne, la civilisation éthiopienne, etc. Pour le cas de l'Afrique du Nord, c'est, à n'en point douter, chez Hegel, une partie de l'Europe.

Hegel précise : « La partie septentrionale de l'Afrique (...) se trouve au bord de la Méditerranée, superbe contrée où fut jadis Carthage et où se trouvent actuellement le Maroc, Alger, Tunis et Tripoli. On devait et il fallait rattacher cette partie à l'Europe, comme maintenant les Français précisément l'ont essayé avec bonheur ; elle est tournée vers l'Europe comme l'Asie Mineure ; tour à tour ont résidé Carthaginois, Romains et Byzantins, Mahométans, Arabes et les intérêts de l'Europe ont toujours cherché à s'y porter »[134].

Selon Hegel, l'Afrique tout entière est une région constituée de hauts plateaux entourés de montagnes inaccessibles. Donc, seul le littoral du continent est accessible, bien qu'il soit décrit par Hegel comme une zone inhospitalière : « vers l'intérieur, une ceinture

---

[134] *Ibidem.*, t. XI, traduction J. Gibelin, éd. Vrin, p. 137. Hegel reconfigure la géographie de l'Afrique dans l'antre de son imagination, alors que les explorateurs anglais ont fourni, depuis 1620, date où John Thomson parcourt la Gambie, de précieuses indications géographiques sur l'Afrique. Bien plus, les Anglais établissent l'*African Society* à Londres, en 1788. Hegel aurait donc pu sortir de sa réclusion de philosophe spéculatif pour consulter les cartes de l'Afrique dessinées par les Anglais.

marécageuse, avec la végétation la plus opulente, patrie de prédilection d'animaux féroces, de serpents de tout genre, bordure dont l'atmosphère est empoisonnée par les Européens »[135].

Aux yeux de Hegel, cette destruction de la nature par les Européens ne revêt point un caractère catastrophique. À cette époque, probablement, les revendications écologistes n'ont pas droit de cité en Europe. Et, pour Hegel, il faut absolument concevoir l'Afrique comme un continent inaccessible, afin que cette représentation imaginaire s'accorde avec son concept du « continent sans histoire ».

Dans ce cas, l'angoisse de l'esprit, tourmenté par un irréductible ailleurs, plus éminent et plus glorieux historiquement que l'Europe de son rêve impérialiste, s'en trouve apaisé. Pour ce réfléchir en soi-même à partir de l'être-autre, l'esprit doit nécessairement se trouver confronté, non pas aux monstres sacrés des poèmes homériques, mais, surtout, aux obstacles naturels infranchissables. Hegel précise : « cette bordure forme le pied d'une ceinture de hautes montagnes, rarement traversée par des fleuves qui eux-mêmes ne permettent pas de relations avec l'intérieur ; car leur percée n'a lieu que peu au-dessous du niveau des montagnes et seulement en des lieux étroits où se forment fréquemment des chutes d'eau non navigables et des courants qui se croisent avec violence. Depuis trois cents à trois cent cinquante ans que les Européens connaissent cette bordure et en ont pris possession en quelques endroits, ils ont à peine franchi çà et là et seulement pour peu de temps ces montagnes et ne s'y sont nulle part établis »[136].

---

[135] *Ibid.*, pp. 135-136.
[136] *Ibid.*, p. 136.

Hegel ne peut voir l'Afrique autrement que comme un continent condamné par la Providence à l'inessentialité de la déchéance, inapte à soutenir quelque rapport avec l'extérieur. Pour Hegel, l'Afrique est un continent irrémédiablement enfoncé dans la noirceur des temps obscurs. C'est le continent de la barbarie la plus abjecte. Hegel déclare : « au XVIe siècle, il s'est produit, venant de l'intérieur en plusieurs lieux fort éloignés, des invasions d'horribles masses qui se sont jetées sur les habitants plus paisibles des pentes. Était-il arrivé un mouvement intérieur, et quel mouvement, pour amener cette tempête ? On ne sait. Ce qu'on a su toutefois de ces masses, c'est le contraste de leur attitude qui manifestait dans ces guerres et ces expéditions la cruauté la plus irréfléchie et la brutalité la plus répugnante alors que, leur rage ayant pris fin, ils se montrèrent dans les temps calmes de la paix doux et bons pour les Européens lorsqu'ils les connurent »[137].

Donc, pour Hegel, les guerres interafricaines ne sont autres que des manifestations autodestructives d'une race féroce ayant échoué dans le temps. Et, cette férocité est empreinte de cannibalisme. Hegel voit le Nègre comme un sauvage qui ne peut percevoir un être de la même espèce que lui autrement que comme de la viande sur pied. Hegel pontifie : « pour le Nègre matériel, la chair humaine n'est que chose matérielle, de la viande en somme. À la mort d'un roi, on tue et on mange des gens par centaines ; les prisonniers sont massacrés et leur chair vendue sur les marchés »[138].

Ce comportement animalier de prédateur que Hegel croit déceler chez le Nègre participe d'une tendance native

---

[137] *Ibid.*
[138] *Ibid.*, p.141.

du Nègre à la négation de la vie. Aussi, le Nègre fait-il preuve d'un courage inouï dans le feu de l'action, mais, selon Hegel, ce n'est point là le témoignage d'un acte conscient d'héroïsme. C'est la marque, à priori, d'une absence totale de sentiment moral. Le Nègre appartient à l'espèce négatrice de la vie : « ce qui caractérise le mépris du Nègre pour l'homme, ce n'est pas tant le mépris de la mort que le peu de valeur attachée à la vie. C'est à ce peu de cas qu'ils font de la vie qu'il faut attribuer le grand courage des Nègres, que soutient une immense force physique, courage qui fait que, dans les guerres contre les Européens, ils tombent par milliers sous le feu. La vie en effet n'a de valeur que là où elle a pour fin quelque chose de digne »[139].

Ainsi, les massacres de Nègres réfèrent à l'abattage du bétail ou au meurtre de l'esclave. En tout cas, Hegel ne voit aucune faute morale, aucun péché dans ces massacres, tant qu'il s'agit de tuer les Nègres. En Afrique, spécifiquement, Hegel croit également voir à l'œuvre une pratique épouvantable et négatrice de la vie, avant toute guerre : « comme prélude à la guerre, le roi décide une attaque contre sa propre capitale pour se mettre en quelque sorte en fureur. En ces occasions, le roi fait égorger tout ce qui lui est suspect et cet acte revêt aussi le caractère d'un acte sacré »[140].

Le caractère morbide ou l'instinct de mort domine le comportement du Nègre, selon Hegel. Chez le Nègre, en effet, le crime a une forte allure festive. Et, pour maintenir tous ses sujets en union et obéissance, le roi nègre, tel un tyran frustré, établit la thématique persécutrice du suspect. Hegel part de cette représentation pour élucider son

---

[139] *Ibid.*

[140] *Ibid.*, p.143.

concept de « fanatisme physique » du Nègre, tant, pour lui, le Nègre est dépourvu de toute qualité spirituelle : « la ruine qui est une conséquence de leur effervescence provient de ce que ces agitations ne sont point provoquées par quelque fondement intérieur ou quelque pensée, mais par un fanatisme plus physique que moral »[141].

Un autre aspect non moins important du fanatisme physique du Nègre est élucidé par Hegel, autour du problème de la succession au trône en Afrique. Hegel affirme : « toutes les attaches de la société se rompent. La ruine et la décomposition générales débutent dans son palais : toutes les femmes du roi (au Dahomey leur nombre déterminé est de 3333) sont égorgées et dans toute la ville commence alors un pillage général et un massacre universel. Les femmes du roi considèrent leur mort comme une chose nécessaire, car elles y sont parées. Les hauts fonctionnaires doivent se hâter le plus possible de proclamer le nouveau roi, afin de mettre un terme aux massacres »[142]. Ici encore, les crimes rituels ont cours avec une extrême perversité.

Donc, le Nègre n'a pas et ne peut en aucune façon avoir de place dans l'Histoire universelle. Car, la condition immuable du Nègre, selon Hegel, est celle d'un sauvage impossible à rédimer. Hegel ne traite nullement de la diversité des races inégalement perfectibles. En témoigne ce propos fantasmatique sur l'État mythique des Amazones africaines : « autrefois un État féminin s'était surtout rendu célèbre par ses conquêtes ; cet État avait à sa tête une femme. Elle a pilé dans un mortier son propre fils, s'est barbouillée de son sang et fait en sorte d'avoir toujours une provision de sang d'enfants pilés. Elle a

---

[141] *Ibid.*
[142] *Ibid.*

chassé ou exterminé les hommes et ordonne de mettre à mort tous les enfants mâles. Ces furies détruisaient tout dans le voisinage et, ne cultivant pas la terre, étaient contraintes à de perpétuels pillages. Les prisonniers de guerre étaient utilisés comme mâles : les femmes enceintes étaient obligées de se rendre hors du camp et, si elles donnaient le jour à un fils, de l'éloigner. Cet État mal famé s'est perdu plus tard »[143].

Hegel ravale l'Africain au stade primitif de la certitude sensible : « dans l'Afrique proprement dite, l'homme reste arrêté au stade de la conscience sensible d'où son incapacité absolue d'évoluer »[144]. Hegel ravive ici le mythe éculé de l'homme sauvage. Qui plus est, il allègue ce qu'il croit savoir sur l'état d'arriération de l'Afrique comme d'un continent ayant échoué dans le temps. Pour Hegel, l'Afrique ne fait pas partie de l'Histoire universelle : « l'Afrique, aussi loin que remonte l'Histoire, est restée fermée, sans lien avec le reste du monde ; c'est le pays de l'or, replié sur lui-même, le pays de l'enfance qui, au-delà du jour de l'histoire consciente, est enveloppé dans la couleur noire de la nuit »[145].

Dès lors, selon Hegel, l'homme africain, c'est l'homme naturel dans son immédiateté, c'est-à-dire que « le Nègre représente l'homme naturel dans toute sa barbarie et son absence de discipline » (*Ibid.*, p.251.). Par conséquent, conclut Hegel, « celui qui veut connaître les manifestations épouvantables de la nature humaine peut les trouver en Afrique »[146].

---

[143]Hegel, *Leçons sur la philosophie de l'Histoire*, *op. cit.*, p.142.
[144]*Ibid.*, p.245.
[145]*Ibid.*, p.247.
[146]*Ibid.*, p.269.

Pour Hegel, il faut comprendre en substance le terme « Afrique » comme « un monde anhistorique non-développé, entièrement prisonnier de l'esprit naturel et dont la place se trouve encore au seuil de l'Histoire universelle »[147]. Le philosophe de l'Histoire précise : « « c'est la pétulance qui caractérise les Nègres. Cette condition n'est susceptible d'aucune évolution et d'aucune culture et, comme nous les voyons aujourd'hui, ils furent toujours »[148].

1-2-7-2- La superstition religieuse

Hegel étudie aussi les religions traditionnelles africaines. En cela, il tente encore de démontrer qu'il existe une âme nègre essentiellement violente, orgiaque, entièrement portée vers la superstition et la magie : « le magicien se rend sur un tertre, décrit des cercles, des figures sur la table et prononce des paroles magiques. Il fait des signes vers le ciel, souffle contre le vent » (*ibidem.*, tome XV, p.304.).

Hegel ne se fonde sur aucune tradition de l'Histoire universelle, qu'elle soit originale, réfléchie ou philosophique. Hegel s'appuie simplement sur des logorrhées de missionnaires sectaires et aveugles. Tel ce spectacle édifiant rapporté par un missionnaire conquérant italien et repris par Hegel: « un missionnaire qui se tenait à la tête d'une armée portugaise raconte que des Nègres, leurs alliés, avaient amené un magicien. Un ouragan qui menaçait leur rendait une conjuration nécessaire et, encore que le missionnaire s'y opposât, on s'y prépara. Le magicien se présenta dans un costume spécial, fantastique,

[147]*Ibid.*
[148]*Ibid.*, p.144.

couvert de peaux de bêtes, d'oiseaux, d'armes et de cornes, avec un grand cortège, il considère le ciel, les nuages, mâcha les racines, murmura quelques mots, quand les nuages s'approchèrent, il poussa des hurlements affreux, leur fit signe et cracha vers le ciel, menaça de le maltraiter, et donna des coups de couteau du côté des nuages »[149].

Il est facile de percevoir à l'arrière-plan de ce récit burlesque l'intention fondatrice du missionnaire : dénigrer la magie nègre pour, ensuite, exciper les attributs de la Providence par le biais d'une mise en scène typique : allumer des cierges, prononcer un exorcisme, conduire une procession, faire des prières, etc. Ainsi, par la grâce divine manifestée en lui, les puissances de l'ombre, dites sataniques, sont vaincues et le processus d'évangélisation militairement assisté triomphe partout en Afrique.

Dans ce contexte, le magicien nègre n'est nullement investi de pouvoirs divins pour être le représentant de Dieu sur la terre : « ce n'est pas un Dieu résidant dans le magicien, mais le magicien lui-même qui conjure la nature et en triomphe »[150]. Dans ce cas, la magie nègre ne saurait accéder à la valeur d'une religion, même naturelle, en dépit des us, des croyances et des rituels qui la sous-tendent. Tant qu'elle demeure privée de l'efficace divine, la religion nègre ne peut pas encore être considérée comme une religion digne de foi.

Mais, Hegel ne se montre point intransigeant sur ce problème. Il concède : « cette première forme peut encore se nommer religion, car la religion comporte essentiellement le moment de l'objectivité, c'est-à-dire que la puissance spirituelle apparaît pour l'individu, pour

---

[149] *Ibid.*, p.304.
[150] *Ibid.*, p.306.

la conscience individuelle empirique comme mode de l'universel en face de la conscience de soi. Cette objectivation est une détermination essentielle dont il importe de tenir compte. C'est par elle que commence la religion, c'est grâce à elle qu'il y a un Dieu, et il y a un commencement de religion même dans le rapport le plus bas »[151].

La religion, selon Hegel, se manifeste comme le « moment » c'est-à-dire l'instant sécable et temporel où un rapport s'établit entre l'individu et son objet, en l'occurrence dieu ou Dieu. Sous ce rapport, en effet, l'être religieux voue à son objet un amour fondé sur l'adoration, la crainte et le sentiment du sacré. Le niveau le plus bas de ce rapport, évoqué par Hegel, n'est autre que le stade primitif de la religion, caractérisé par l'idolâtrie ou par le totémisme. Or, la magie, identifiée par Hegel à la pratique du fétichisme, se trouve à un degré plus inférieur que le rapport le plus bas de la religion.

Ce qui caractérise la religion même sous sa forme la plus élémentaire, dit Hegel, « c'est la conscience qu'a l'homme d'une puissance supérieure (encore qu'on ne la saisisse que comme force de la nature) par rapport à laquelle il se pose comme un être plus faible, plus humble. La religion commence par la conscience qu'il existe quelque chose de supérieur à l'homme. Cependant déjà Hérodote a appelé les Nègres magiciens ; or, dans la magie on ne trouve pas la représentation d'un Dieu, d'une foi morale ; pour elle, l'homme est la puissance la plus haute, ayant vis-à-vis de la force de la nature l'attitude du commandement. Il n'est donc pas question d'honorer Dieu en esprit, ni d'un règne du droit.

---

[151] *Ibid.*

Dieu tonne et n'est point reconnu : pour l'esprit de l'homme, Dieu doit être plus qu'un maître du tonnerre ; mais ce n'est même pas le cas chez les Nègres : bien qu'ils doivent être conscients de dépendre des facteurs naturels, car ils ont besoin de l'orage, de la pluie et de la cessation de la période des pluies, tout cela ne les conduit pas à la conscience de quelque chose de supérieur ; en effet, ce sont eux qui commandent aux éléments et c'est ce qu'on appelle magie »[152].

Dès lors, le fétiche, qui se dit de la magie et participe des croyances populaires en Afrique, selon Hegel, ne peut revendiquer aucune efficace transcendante ou mystique. Il faut donc le priver de cette auréole de dernier degré : « ils se représentent cette puissance qui est la leur, se l'extériorisent, s'en font des images. Donc ce qu'ils se représentent comme leur puissance n'a rien d'objectif, d'en soi consistant, différent d'eux-mêmes ; c'est le premier objet venu quel qu'il soit qu'ils élèvent au rang de génie, un animal, un arbre, une pierre, une image en bois »[153].

Hegel part de la philosophie de l'Histoire, non pour élever l'homme dans la conscience de la liberté, mais pour abîmer son esprit dans la servilité religieuse. Pourtant, au plus fort de la Révolution française, Hegel écrit dans une lettre à Schelling :

« Le nimbe auréolant la tête des tyrans et des dieux de la terre se dissipe. Les philosophes démontrent la dignité de l'homme ; les peuples apprendront à la ressentir. Ils ne se borneront pas à revendiquer leurs droits foulés aux pieds dans la poussière, mais ils iront les reprendre eux-mêmes : ils se les approprieront. Religion et politique ont

[152]*Ibid.*, tome XI, pp.136-137.
[153]*Ibid.*, p.138.

été complices, celle-là enseignant ce que le despotisme voulait : le mépris du genre humain, son incapacité à un bien quelconque, son impuissance à être quelque chose par lui-même »[154].

Or, Hegel abandonne cette posture critique sans doute parce qu'il est transi par « la peur de l'objet », terme qu'il utilise lui-même pour stigmatiser la philosophie critique de son temps. Il considère alors la religion comme l'une des manifestations les plus hautes de l'esprit.

Hegel critique vivement les philosophes - Voltaire, Hume, etc. - qui révoquent en doute la valeur de la religion : « la folie la plus absurde de notre époque est l'opinion que la pensée fait tort à la religion et que celle-ci est d'autant plus solide que l'on renonce davantage à penser »[155].

Hegel déclare encore, à l'appui de sa théologie : « Dieu gouverne le monde ; le contenu de son gouvernement, l'accomplissement de son plan est l'Histoire universelle. Saisir ce plan, voilà la tâche de la philosophie de l'Histoire »[156]. De même, Hegel articule le rapport de la religion à l'État de cette manière : « l'État est fondé sur la religion. Chaque État déterminé est né d'une religion déterminée »[157].

L'expression « chaque État » doit s'entendre ici dans le sens de l'évolution de l'Histoire universelle d'est en ouest, d'Orient en Occident, c'est-à-dire de l'Égypte- qui « n'est pas en Afrique » selon Hegel- à l'Allemagne, en passant

[154]Hegel, « Lettre à Schelling », 16 avril 1795. Cité par Herbert Marcuse, *Raison et révolution. Hegel et la naissance de la théorie sociale* (1939), Paris, éd. de Minuit, 1968, p.62.
[155]Hegel, *Leçons sur la philosophie de l'Histoire*, tome XV, *op. cit.*, p.70.
[156]Hegel, *La Raison dans l'Histoire*, *op. cit.*, p.100.
[157]*Ibidem*, p.154.

par l'Inde, la Perse, la Grèce, la Rome, l'Arabie mahométane qui vénère l'objet d'un culte arabe très ancien, la « pierre noire » de la Mecque, etc. Toute cette évolution historique met à l'écart l'Afrique subsaharienne, où la pratique du fétiche a une tout autre signification aux yeux de Hegel :

« Assurément, l'autonomie paraît dans le fétiche s'opposer à l'arbitrage de l'individuel, mais comme cette objectivité n'est autre chose que le caprice individuel se représentant lui-même, celui-ci reste maître de son image. En effet, s'il arrive quelque chose de fâcheux que le fétiche n'a pas écarté, si la pluie manque, s'il y a une mauvaise récolte, ils le lient et le frappent ou le détruisent et le suppriment en en créant un autre ; ainsi, ils l'ont en leur puissance. Un tel fétiche n'a donc ni autonomie religieuse, ni autonomie artistique ; c'est uniquement une créature qui exprime la volonté du créateur et demeure toujours entre ses mains »[158].

Hegel s'appesantit également sur le culte des morts pratiqué par les Africains. Ce faisant, il leur concède quelque léger progrès dans cette pratique cultuelle : « il faut déjà dire aux Africains qui se trouvent encore au degré de la magie directe qu'eux aussi grâce à l'adoration des morts progressent légèrement en attribuant un pouvoir sur la nature à des morts, à des parents défunts »[159].

Le culte des morts est la pratique native de toute religion. D'où la fameuse conception de l'immortalité de l'âme, que, pourtant, Hegel dénie aux Africains : « l'immortalité de l'âme est ignorée quoiqu'on rencontre

---

[158]Hegel, *Leçons sur la philosophie de l'Histoire*, tome IX, *op. cit.*, p.137.
[159]*Ibidem.*, tome XV, p. 320.

des fantômes de morts »[160]. Par conséquent, les rituels expiatoires, les accusations de sorcellerie, la conjuration du sort ne mettent en rien en exergue le germe d'une religion africaine capable de s'élever à la dimension de l'esprit.

1-1-3- Gobineau : l'inégalité des races

Hegel inspire fortement le Comte Joseph Arthur de Gobineau, diplomate et écrivain français. Celui-ci acquiert sa célébrité posthume grâce à son ouvrage de référence, *l'Essai sur l'inégalité des races humaines*[161], qui le place parmi les précurseurs du racisme occidental. Selon le Comte, les « trois éléments purs et primitifs de l'humanité »[162] sont les races blanche, jaune et noire. Gobineau les range suivant une stratification essentiellement inégalitaire. Il attribue à la race blanche « le monopole de la beauté, de l'intelligence et de la force »[163]. De plus, à l'intérieur de cette race « supérieure », Gobineau isole la « race aryenne » à laquelle il fait un éloge tout à fait spécial[164].

Dans sa description de la race noire, Gobineau lui attribue des facultés cognitives médiocres, voire nulles. Pour Gobineau, l'unique avantage que le Nègre possède sur le Blanc et sur le Jaune, c'est « le goût et l'odorat », lesquels sont développés chez le Nègre « avec une vigueur inconnue aux deux autres ». Or, Gobineau précise : « là,

---

[160] *Ibidem.*, tome XI, p.139.
[161] Voir Joseph Arthur de Gobineau, *Essai sur l'inégalité des races humaines* (1853-1855), Paris, Gallimard, 1983.
[162] *Ibidem*, p.280.
[163] *Ibid.*, p.344.
[164] *Ibid.*, p.344.

précisément, dans l'avidité de ses sensations, se trouve le cachet frappant de son infériorité »[165].

Gobineau souligne qu'avec le Jaune, « le créateur n'a voulu faire qu'une ébauche en toute chose », ses « tendances à la médiocrité » sont également manifestes[166]. Il concède au Jaune la place de la « petite-bourgeoise que tout civilisateur désirerait pour base de sa société »[167]. Gobineau note que le Jaune est industrieux, mais, trop limité intellectuellement pour créer ou pour prendre la direction du processus civilisateur. Donc, pour Gobineau, la force et la pérennité des civilisations dépendent originairement de caractères héréditaires combinés avec les propriétés du sang.

1-1-4- Darwin : l'évolutionnisme

Dans la même perspective, les travaux effectués par le naturaliste anglais, Charles Darwin, révolutionnent la biologie[168]. Suivant son hypothèse de départ, Darwin essaye d'établir que toutes les espèces vivantes évoluent au cours du temps, à partir d'un seul ou de quelques ancêtres communs et cela par le moyen du processus qu'il nomme « sélection naturelle ». Darwin est un théoricien du « conflit des espèces », inspiré de l'analyse de Thomas Robert Malthussur la population[169]. À l'issue de ce conflit,

---

[165]*Ibid.*, pp.339-340.
[166]*Ibid.*, p.559.
[167]*Ibid.*, pp.340-341.
[168]Voir Charles Darwin, *L'Origine des espèces*, 1859 ; *La Filiation de l'homme et la sélection liée au sexe*, Londres, 1871 ; *L'Expression des émotions chez l'homme*, Londres, 1872.
[169]Voir Thomas Robert Malthus, *Essai sur le principe de population*, Londres, John Murray, 1826. Malthus calcule qu'en raison du taux de natalité, la population humaine peut doubler tous les 25 ans.

selon Darwin, les effectifs d'une espèce demeurent stables, pour autant que les variations favorables rendent les organismes, qui en sont porteurs, plus aptes à survivre et à transmettre ces variations à leurs descendants, alors que les variations défavorables finissent par disparaître[170].

Darwin entend ainsi jeter « des lumières sur l'origine de l'homme et son histoire ». Il en déduit que « des formes sans cesse plus belles et plus admirables ont été élaborées et continuent de l'être »[171]. Il s'agit, en réalité, des formes de vie de couleur blanche, puisque, ayant échoué à trouver le chaînon manquant qui rattache l'homme au singe, Darwin mène une recherche qu'il juge fort utile et pratique, visant à rapprocher les formes de vie indigènes des formes de vie prélogiques et animalières.

Donc, le darwinisme, qui se distingue par son caractère eugéniste, n'est autre qu'une défense raisonnée de l'idéologie de la race, articulée autour d'une vision présomptueuse de la lutte des races humaines pour la vie : « dans un avenir pas très lointain si on compte par siècles, les races humaines civilisées vont certainement exterminer les races sauvages et prendre leur place à travers le monde. En même temps, les singes anthropologiques seront sans aucun doute exterminés. Le fossé entre l'homme et ses plus proches alliés sera alors plus large, car il séparera d'une part l'homme arrivé à un état plus civilisé, pouvons-nous espérer, que le caucasien lui-même, et d'autre part

---

Seulement, dans les faits, cette évolution démographique est freinée par la mort, la maladie, les guerres et la famine.

[170]Le maître-ouvrage de Darwin est d'ailleurs intégralement intitulé : *Sur l'origine des espèces au moyen de la sélection naturelle, ou la préservation des races les meilleures dans la lutte pour la vie.*

[171]Charles Darwin, *L'Origine des espèces au moyen de la sélection naturelle, ou la préservation des races les meilleures dans la lutte pour la vie*, Londres, John Murray, 1859, pp.489-490.

quelque singe aussi inférieur que le babouin, au lieu de passer comme aujourd'hui entre le Nègre ou l'aborigène australien d'une part et le gorille d'autre part »[172].

1-1-5- Broca : la typologie constitutionnelle

À la suite de la parution de *L'Origine des espèces* de Charles Darwin, la communauté scientifique européenne adhère largement au schéma darwinien d'une continuité évolutionniste, depuis quelque anthropoïde référant au « singe » jusqu'à l'homme blanc, schéma dans lequel les races noires et orientales se voient concéder une position intermédiaire.

Darwin suscite une intense controverse au cours de laquelle les analystes dits « chronologistes » multiplient les recherches en vue de trouver le chaînon manquant, qui leur permette d'établir la proximité physique des peuples sauvages et des primates. Bien plus, la craniométrie et la phrénologie mesurent la taille du cerveau. Ce sont les deux formes de typologie constitutionnaliste ou morphologiste, qui tiennent une place prépondérante dans le dispositif classificatoire raciste en vigueur.

Le médecin, anatomiste et anthropologue français, Paul Broca, systématise et raffine la méthode phrénologique, en y incluant d'autres événements tels que : la forme du crâne et des mâchoires, la taille des os du squelette, etc. Pionnier de l'anthropologie physique, Broca apporte une contribution décisive à l'essor de l'anthropométrie crânienne. Broca affirme : « l'obliquité et la saillie de la face constituent ce qu'on appelle le prognathisme. La couleur plus ou moins noire de la peau, l'état laineux de la

[172]Charles Darwin, *La Filiation de l'homme*, *op. cit.*, chapitre 6.

chevelure et l'infériorité intellectuelle et sociale sont fréquemment associés. Tandis qu'une peau plus ou moins blanche, une chevelure lisse, un visage orthognathe sont l'apanage des peuples ordinaires les plus élevés dans la série humaine »[173].

De même, Broca souligne : « on a vu que la capacité crânienne des Nègres de l'Afrique occidentale (1372,12 cm^3) est inférieure d'environ 100 cm^3 à celle des races d'Europe »[174].

Dès lors, on argue d'une supposée bestialité des races dites primitives, de leur infériorité, toutes choses que l'on s'efforce d'intégrer dans une idéologie générale d'évolution de l'humanité. Le « paradigme racial » obnubile tellement « l'esprit scientifique » européen, que personne ne songe à le remettre véritablement en cause. On formule encore des considérations d'identification de la circonvolution cérébrale où est localisée l'intelligence humaine.

2- La Négritude

L'idéologie de la race ci-dessus explicitée dans ses divers aspects concourt à la pratique du racisme. Cette idéologie suscite également, chez les victimes, une attitude compulsive d'autodénigrement et d'auto-discrimination proportionnelle, chez l'individu ou chez le groupe d'individus ainsi opprimé. Ce comportement se manifeste constamment par une perte d'estime et d'affirmation de soi, le développement d'une susceptibilité et d'une agressivité réactionnelle, un état dépressif ou autodestructif. Du reste,

---

[173]Paul Broca, « Sur les crânes de la caverne de l'homme-mort », in *Revue d'anthropologie,* N° 2, Paris, 1873, pp.1-53.
[174]*Ibidem.*

la philosophie européenne de la race exerce une influence quasi immuable sur tous les développements de la poétique de l'Eurafrique enracinée dans la négritude senghorienne.

La Négritude[175] se dit d'un courant littéraire et politique, né au cours des années 1930 et regroupant des écrivains francophones noirs, comme Aimé Césaire, Léopold Sédar Senghor, Léon-Gontran Damas, etc. Son objectif est la lutte contre le colonialisme. Senghor acquit sa renommée dans la littérature négro-africaine comme l'éminent théoricien - avec Césaire - du courant politico-culturel de la Négritude. Seulement, à la différence de Césaire, Senghor développe sa conception de la Négritude du point de vue paradigmatique de l'essentialisme culturel, axé, à la manière de Gobineau, sur l'identité ethnique : « la négritude de Césaire et ce que Senghor appelle du même nom présentent des différences structurelles trop importantes

[175]Dans le numéro 3 (mai - juin 1935) du journal mensuel de l'Association des Étudiants Martiniquais en France, *L'Étudiant Noir,* Aimé Césaire a initialement formulé le terme « négritude ». Voir aussi Aimé Césaire :*Discours sur le colonialisme* (1950) ; *Cahier d'un retour au pays natal* (1939). Césaire utilise de nouveau le terme « négritude » en 1939, au cours de la première parution du *Cahier*. Le mot est réapproprié par Léopold Sédar Senghor dans son recueil de poèmes *Chants d'ombre* (1945), qui lui confère une signification toute spéciale, en opposant « la raison hellène » à l'« émotion noire » : « Nuit qui me délivre des raisons, des salons, des sophismes, des pirouettes, des prétextes, des haines calculées, des carnages humanisés. Nuit qui fond toutes mes contradictions, toutes contradictions dans l'unité première de ta négritude ».

[175]Marcien Towa, *Léopold Sédar Senghor : Négritude ou Servitude ?*, Yaoundé, éd., Clé, 2011, p.16. Voir : Léon-Gontran Damas, *Pigments* (1937) ; Jacques Roumain En 1942, il publia deux de ses livres les plus influents : le recueil de poésie *Bois D'Ébène* (1945) ; *Gouverneurs de la Rosée* (1944) ; Bernard Dadié, *Patron de New York* (1965) ; *La ville où nul ne meurt* (1968).

pour être confondues. Les vues de Senghor le situent beaucoup plus près de Gobineau que de Césaire ou de tout autre ténor de la Négritude (Damas, Roumain, Dadié) »[176].

En tout cas, l'objectif poursuivi ici consiste moins à faire une étude comparée de ces deux tendances dominantes de la Négritude qu'à suivre celle de Senghor jusqu'à sa dernière conséquence : la poétique de l'Eurafrique.

2-1- L'héritage de Leo Frobenius

Leo Viktor Frobenius se révèle à la postérité comme une grande figure de l'ethnographie germanique. Il entame, en 1904, sa première expédition en Afrique, dans le Kasaï congolais, et élabore dans ce cadre sa théorie de l'Atlantis africaine. Jusqu'en 1918, il séjourne en Afrique du Nord et du Nord-est, en particulier au Soudan central et occidental.

Frobenius est l'un des premiers ethnologues à révoquer en doute les racines idéologiques de la mission civilisatrice, en rejetant notamment l'idée que les Européens auraient rencontré en Afrique des peuples vraiment sauvages, auxquels ils auraient apporté la civilisation. Jusqu'au 19e siècle, ainsi qu'il le montre, l'Afrique noire a préservé sa civilisation de toute influence étrangère. Frobenius souligne :

« Non pas que les premiers navigateurs européens de la fin du Moyen Âge n'eussent fait dans ce domaine de très remarquables observations. Lorsqu'ils arrivèrent dans la Baie de Guinée et abordèrent à Vaïda, les capitaines furent fort étonnés de trouver des rues bien aménagées, bordées sur une longueur de plusieurs lieues par deux rangées d'arbres ; ils traversèrent pendant de longs jours une campagne couverte de champs magnifiques, habités par des hommes vêtus de costumes éclatants dont ils avaient tissé l'étoffe eux-mêmes ! Plus au sud, dans le Royaume du Congo, une foule grouillante habillée de « soie » et de « velours », de grands États bien ordonnés, et cela, dans les moindres détails, des souverains puissants, des industries opulentes. Civilisés jusqu'à la moelle des os ! Et toute semblable était la condition des pays à la côte orientale, le Mozambique, par exemple »[177].

Frobenius ajoute : « les révélations des navigateurs du XVe au XVIIIe siècle fournissent la preuve certaine que l'Afrique nègre qui s'étendait au sud de la zone désertique du Sahara était encore en plein épanouissement, dans tout l'éclat de civilisations harmonieuses et bien formées. Cette floraison, les conquistadores européens l'anéantissaient à mesure qu'ils progressaient. Car le nouveau pays d'Amérique avait besoin d'esclaves et l'Afrique en offrait : des centaines, des milliers, de pleines cargaisons d'esclaves ! Cependant, la traite des Noirs ne fut jamais une affaire de tout repos ; elle exigeait sa justification ; aussi fit-on du Nègre un demi-animal, une marchandise. Et c'est ainsi que l'on inventa la notion du fétiche (portugais : *feticeiro*) comme symbole d'une religion africaine. Marque de fabrique européenne ! Quant à moi, je n'ai vu dans aucune partie de l'Afrique nègre les indigènes adorer des fétiches » (Cité in *Ibidem.*). Qui plus est, poursuit Frobenius, « l'idée du Nègre barbare est une invention européenne qui a, par contrecoup, dominé l'Europe jusqu'au début de ce siècle »[178].

---

[177]Leo Frobenius, *Histoire de la civilisation africaine*, Paris, éd. Gallimard, 1938, pp.14-15. Cité par Cheikh Anta Diop, *Nations nègres et culture*, Paris, éd. Présence Africaine, 1954, t.2, p.353.
[178]Cité in *Ibid.*

Frobenius exerce une influence majeure sur les théoriciens et les poètes de la Négritude.

2-2- Léopold Sédar Senghor : la poétique de l'Eurafrique

Le problème fondamental que Senghor veut résoudre dans sa poétique de la Négritude ne consiste pas à « révolutionner le monde, mais » à « l'amender »[179]. La praxis historique, telle que Senghor l'envisage, ne consiste nullement dans le combat, mais dans la coopération. Et, sous ce rapport de domination de type nouveau, Senghor confère à la race blanche le principe rationnel ou formel, et, à la race noire, le principe matériel ou biologique, sensuel, émotif.

2-2-1- L'Égypte

La référence de Senghor à l'Égypte ne vise point à réfuter les conjectures de l'aristocratie de race et d'élite occidentale. Ici, Senghor réfère au principe matériel-sensuel pour exalter la beauté de la femme noire en contexte colonial. Senghor ne saurait rester passif à l'égard de la réification de la femme noire, alors même que son combat idéologique a justement pour but de valoriser cette fine fleur de la civilisation nègre.

Senghor remonte tout le cours de l'histoire de l'Afrique ; il cherche à rattacher la beauté de la femme noire à son berceau originel : l'Égypte antique : « Égyptienne !...Tu es descendue de ce mur où t'avait

---

[179]Marcien Towa, *Léopold Sédar Senghor, Négritude ou servitude ?*, Yaoundé, éd., Clé, 2011, p.17.

accrochée la ruse des Anciens »[180]. Il convient de souligner ici que Senghor ne fait pas mystère de la couleur de sa peau. Pour lui, l'Égyptienne a « la peau noire »[181].

Aux sources de la Négritude, Senghor situe l'histoire de la civilisation négro-africaine enracinée dans l'Égypte antique. Cette période est appelée Thinite. Senghor souligne :

> *« Je marcherai par la terre nord-orientale,*
> *par l'Égypte des temples et des pyramides.*
> *Mais je vous laisse Pharaon qui m'a assis à sa droite…*
> *Vos savants sauront prouver qu'ils étaient hyperboréens*
> *ainsi que toutes mes grandeurs ensevelies »*[182].

---

[180]Léopold Sédar Senghor, « Neige sur Paris », in *Poèmes*, Paris, éd. du Seuil, 1964, p. 44. Cité par Marcien Towa, *Léopold Sédar Senghor, Négritude ou servitude ?*, *op. cit.*, p.32.

[181]Cité in *Ibid.*

[126]Léopold Sédar Senghor, « Chants d'ombre », in *Poèmes*, *op. cit.*, pp.28-37. Cité in *Ibid.*, p.33.Le terme « pharaon » désigne les rois de l'Égypte antique. Ces rois ont régné sur une période historique de plus de trois millénaires, comprise entre 3150 et 30 av. J.-C. Cette longue période est divisée en trente dynasties depuis l'unification du royaume par le pharaon Narmer-Ménès jusqu'à la disparition de Nectanébo II en 343 av. J.-C., le dernier pharaon de l'Égypte indépendante. Dès le départ, la monarchie égyptienne formule une idéologie centrée sur la représentation de l'union des Deux-Terres (Haute et Basse-Égypte). Chaque Pharaon apparaît alors comme l'incarnation de l'unité de l'Égypte inspirée par les dieux. La personnalité de Pharaon est double. Il est à la fois homme et dieu, descendant de l'Ennéade d'Héliopolis, la dynastie des dieux-rois. Dans les textes sacrés, Pharaon est représenté par le faucon Horus perché sur le trône des vivants, dieu puissant et jeune. Après sa mort, il est Osiris, le dieu régénéré par la momification et le souverain éternel du séjour des Bienheureux. Pharaon est aussi le fils de Rê dans la théologie solaire d'Héliopolis et le fils d'Amon dans le mythe de la théogamie à Thèbes. Chef

Au cours de la période dite « Thinite » de l'antiquité égyptienne, Comme le souligne Cheikh Anta Diop, « les Éthiopiens d'abord, les Égyptiens ensuite, selon le témoignage unanime de tous les anciens, ont créé et porté

---

religieux, la tâche principale de Pharaon est d'accomplir la *Maât*sur terre, c'est-à-dire assurer la justice en préservant l'harmonie entre les hommes et les dieux, renforcer la morale publique et garantir le bien-être des familles égyptiennes. Voir : Jan Assmann, *Maât, l'Égypte pharaonique et l'idée de justice sociale*, Fuveau, La Maison de Vie, 1999 ; Marie-Ange Bonhême et Annie Forgeau, *Pharaon : Les secrets du Pouvoir*, Paris, Armand Colin, 1988 ; Peter A. Clayton, *Chronique des Pharaons : L'histoire règne par règne des souverains et des dynasties de l'Égypte ancienne*, Paris, Casterman, 1995.).

Les Hyperboréens désignent un peuple mythique de l'Antiquité. Au sens étymologique, ils se disent de ceux qui vivent « par-delà les souffles du froid Borée (le vent du Nord) » (Pindare, *Olympiques*, III, 31-33.).Les premières mentions des Hyperboréens se trouvent au VIIIe siècle av. J.-C. dans *Les Épigones* (une épopée perdue de la Grèce antique rattachée au Cycle thébain). Alcée(Fragment 307 ; fragment 2 Berg) évoque les cygnes sacrés qui transportent Apollon, après sa naissance, de Délos jusqu'au pays des Hyperboréens, et de ce pays, un an après, son arrivée à Delphes. Il est inutile de chercher à situer le pays des Hyperboréens, qui représente chez les Grecs une espèce de paradis imaginaire, le séjour des Bienheureux.

[182]Les tirailleurs sénégalais furent un corps de militaires africains appartenant à l'Armée coloniale constitué au sein de l'Empire colonial français en 1857, et dissous au début des années 1960. Certes, le recrutement de tirailleurs n'était pas confiné au Sénégal, mais ce fut dans ce pays que fut formé, en 1857, le premier régiment de tirailleurs africains, ces unités d'infanterie désignant aussitôt l'ensemble des soldats nègres qui combattaient sous le drapeau français et qui différaient alors d'autres unités d'Afrique du Nord, tels les tirailleurs algériens. Les tirailleurs sénégalais sont restés loyaux envers l'Empire colonial français, et furent engagés dans des guerres qui opposèrent la France à ses colonies : Indochine, Algérie, Madagascar. Senghor les affubla du surnom de « dogues noirs de l'Empire » (*Prières de Paix*, Œuvres poétiques, Paris, éd. du Seuil, 1990, p. 94.), d'autant qu'ils formaient une des rares unités d'armée étrangères qui ne soit pas intégrée à la Légion étrangère.

à un degré extraordinaire de développement, tous les éléments de la civilisation alors que les autres peuples - en particulier les eurasiatiques - étaient plongés dans la barbarie »[183].

Ainsi, en rétablissant la continuité dans le cours de l'histoire africaine, nous pouvons marquer notre « exception culturelle » dans l'économie-monde, à partir de l'articulation d'un nouveau projet de développement spécifiquement africain sur notre traditionnel sens de la solidarité et de la justice. Car, le patrimoine culturel africain est constitué «… chez le Nègre, par une nature douce, idéaliste et généreuse, pacifique, imbue d'esprit de justice, gaie »[184].

L'auteur rend ainsi périmée la thèse raciste du monopole de la rationalité par l'Occident. Faut-il le rappeler, l'histoire égyptienne commence 3000 ans avant celle de la Grèce. Cette période est appelée Thinite. C'est durant cette période que les Égyptiens ont bâti leur civilisation. Celle-ci est constituée par « la philosophie, la science, la technique, l'art et la littérature »[185].

2-2-2- Les affres de la guerre et du colonialisme

Senghor fait l'expérience de la bêtise humaine comme la conséquence inéluctable de la montée de l'État-nation impérialiste en Europe. En 1935, il est naturalisé citoyen français en vue de se présenter au concours d'agrégation en littérature française. Quelques années plus tard, il est

---

[183]Cheikh Anta Diop, *Nations Nègres et culture,* éd. Présence Africaine, Paris, 1955, p. 343

[184]*Ibidem.*, p. 129.

[185]*Ibid.,* p. 129.

embarqué dans les affres de la Deuxième Guerre mondiale. Il témoigne :

« Seigneur ! Si je parle...
Ce n'est pas que la République m'ait nommé bon roi de mon peuple ou Député des Quatre Communes...
Je suis présentement soldat de deuxième classe
parmi les humbles soldats »[186].

Dans ce contexte de chaos et d'embrasement total, son rêve d'épanouissement dans un univers civilisé est brutalement réduit en cendres. De par ses origines nègres, il est enrôlé parmi les soldats de seconde zone : les « Tirailleurs Sénégalais »[187]. Il s'en émeut gravement et milite en faveur de ses frères d'armes :

« Vous Tirailleurs Sénégalais, mes frères noirs à la main chaude dans la glace est la mort

---

[186]Léopold Sédar Senghor, *Prière des Tirailleurs sénégalais*, Paris, 1940. Cité in Marcien Towa, *Léopold Sédar Senghor, Négritude ou servitude ?*, *op.cit.*, p.55.

[187]Les tirailleurs sénégalais furent un corps de militaires africains appartenant à l'Armée coloniale constitué au sein de l'Empire colonial français en 1857, et dissous au début des années 1960. Certes, le recrutement de tirailleurs n'était pas confiné au Sénégal, mais ce fut dans ce pays que fut formé, en 1857, le premier régiment de tirailleurs africains, ces unités d'infanterie désignant aussitôt l'ensemble des soldats nègres qui combattaient sous le drapeau français et qui différaient alors d'autres unités d'Afrique du Nord, tels les tirailleurs algériens. Les tirailleurs sénégalais sont restés loyaux envers l'Empire colonial français, et furent engagés dans des guerres qui opposèrent la France à ses colonies : Indochine, Algérie, Madagascar. Senghor les affubla du surnom de « dogues noirs de l'Empire »(*Prières de Paix*, Œuvres poétiques, Paris, éd. du Seuil, 1990, p. 94.), d'autant qu'ils formaient une des rares unités d'armée étrangères qui ne soit pas intégrée à la Légion étrangère.

Qui pourra vous chanter si ce n'est votre frère d'armes
votre frère de sang ?
Je ne laisserai pas la place aux ministres, et pas aux Généraux
Je ne laisserai pas non !- les louanges de mépris vous enterrer furtivement »[188].

Ebranlé jusque dans les fondements de son existence, le poète sénégalais s'interroge sur l'utilité de cette guerre destructive :

« Ah ! Ne suis-je pas assez divisé ? Et pourquoi cette bombe
Dans le jardin si patiemment gagné sur les épines de la brousse ?
Pourquoi cette bombe sur la maison édifiée pierre à pierre ? »

Dans cette guerre imposée aux Africains à la suite du choc des ambitions irrédentistes des grandes puissances européennes, les Tirailleurs sénégalais combattent en postes avancés : de la chair à canon, en somme. Or, Senghor plaide pour que ces lourds sacrifices humains ne demeurent pas vains :

« Pour quelle juste cause nous aurons combattu ? Si l'on allait se servir de nous !
Tant de sacrifices ne doivent pas demeurer vains »[189].

---

[188] *Ibidem*. Cité in *Ibid.*, p.53.
[189] *Ibid.* Cité in *Ibid.*, p.55.

Mais, la Guerre prend une tournure dramatique pour la France ainsi que pour l'Europe occupée par les nazis. Senghor est arrêté « le 20 juin 1940 » et « fait prisonnier à la Charité-sur-Loire, avec d'autres tirailleurs sénégalais »[190]. Senghor rapporte ainsi sa mésaventure tragique dans un camp de concentration :

> *« Nous sommes de petits oiseaux tombés du nid*
> *des corps privés d'espoir et qui se fanent*
> *des fauves aux griffes rongés,*
> *des soldats désarmés, des hommes nus...*
> *les plus purs d'entre nous sont morts :*
> *ils n'ont pu avaler le pain de la honte*
> *Et nous voilà pris dans les rets,*
> *livrés à la barbarie des civilisés*
> *Exterminés comme des phacochères »*[191].

Senghor est plus dur encore envers l'Église catholique et les dirigeants collaborateurs, restés sourds et aveugles à l'égard de la détresse des Nègres murés derrière les barbelés de l'univers concentrationnaire nazi :

> *« Les princes de l'Église se sont tus, les hommes d'État*[192]*ont clamé la magnanimité des hyènes*

---

[190]Marcien Towa, *Ibid.*, p.56.

[191]Léopold Sédar Senghor, *Au Quélowar*, Amiens, 1940. Cité in *Ibid.*, p.56.

[192]Senghor fait allusion ici à Philippe Pétain, communément nommé le maréchal Pétain. C'était un militaire, diplomate, homme politique et homme d'État français. Il occupa le poste de ministre de la Guerre, de février à novembre1934, puis fut nommé ambassadeur dans l'Espagne dirigée par le général Francisco Franco (1939). Il fut rappelé au gouvernement le 17 mai 1940au cours de l'invasion allemande. Il s'opposa alors à la poursuite d'une guerre qu'il percevait comme

Il s'agit bien du Nègre ! Il s'agit bien de l'homme !
Non ! Quand il s'agit de l'Europe »[193].

Pour Senghor, les nazis sont des charognards entièrement dépourvus d'âme humaine : des brutes. Le traitement inhumain infligé aux Tirailleurs Sénégalais par les nazis est tout entier sous-tendu par l'idéologie funeste de la race supérieure, dite « aryenne ». Sous l'Occupation, l'ancien tirailleur réformé pour cause de santé défectueuse révèle sa détresse à l'épreuve du racisme :

« Je t'écris dans la solitude de ma résidence surveillée - et chère - de ma peau noire.
Heureux amis qui ignorez les murs de glace
et les appartements trop clairs stérilisent
toutes graines sur les masques
d'ancêtres et les souvenirs mêmes de l'amour.
Vous ignorez les restaurants et les piscines,
et la noblesse au sang noir interdite,
et la science et l'Humanité, dressent leurs cordons
dépolis aux frontières de la négritude.
Faut-il crier plus fort ? Ou m'entendez-vous, dites ?
Je ne reconnais plus les hommes blancs, mes frères,

---

perdue. Il devint président du Conseil en remplacement de Paul Reynaud le 16juin et appela à cesser la guerre. Il fit signer l'armistice le 22 juin 1940 avec l'Allemagne nazie à Rethondes, dans un wagon de train, le même qui avait servi à la signature de la capitulation allemande en 1918.Investi des pleins pouvoirs par l'Assemblée nationale le 10juillet1940, il s'attribua le titre de « chef de l'État français », qu'il conserva pendant l'Occupation des forces armées du IIIe Reich, de 1940 à 1944. Il dirigea un régime dictatorial installé à Vichy, abolit les institutions républicaines, instaura des lois antisémites et engagea la France dans la collaboration d'État avec l'Allemagne nazie.

[193]*Ibidem*. Cité in *Ibid.*, p.57.

comme ce soir au cinéma, perdus qu'ils étaient au-delà du vide fait autour de ma peau »[194].

L'agression nazie en Europe se révèle sauvage et cruelle. En quatre années, les peuples d'Europe souffrent le martyre sous les assauts destructeurs des hyènes allemandes, animées par l'idéologie du national-socialisme à l'origine de la montée du nazisme en Allemagne. Adolf Hitler, son fondateur, l'a explicitement campée dans son ouvrage de référence : *Mein Kampf* (Munich, 1924), ou encore, *Mon combat*. Cet ouvrage est centré sur le parcours personnel d'Hitler (autobiographie), sur l'idéologie politique du nazisme, sur l'histoire de la naissance de son Parti et sur différentes analyses portant sur la propagande et la rhétorique[195].

Dès 1933, *Mein Kampf* devient le texte de référence en politique en Allemagne. Malgré l'apparente diversité des thèmes qui y sont développés, cet ouvrage tient son unité conceptuelle du désir compulsif du Führer d'assimiler les Juifs et les Tsiganes au plan culturel à partir du paradigme de la race, de son ambition effrénée pour le militarisme expansionniste ainsi que de sa volonté de laver

---

[194]Léopold Sédar Senghor, *Hosties noires*, in *Poèmes*, *op. cit.*, pp.73-74. Cité in *Ibid.*, p.61.

[195]Ce livre reçoit le titre définitif de : *Mein Kampf. Eine Abrechnung* (*Mon combat. Un bilan*). Le premier volume est publié le 18 juillet 1925. Au total, en 2008, les ventes totales de cet ouvrage depuis sa parution sont estimées à 70 millions d'exemplaires. Voir Ian Kershaw, *Hitler, 1889-1936 : Hubris*, Londres, éd. Perguin Books, 1998. Jusqu'en 1945, seuls 10 millions d'exemplaires sont vendus. Donc, le succès tardif de *Mein Kampf* montre que cette idéologie n'est véritablement révélée à la conscience des Européens qu'après la chute du Troisième Reich.

l'humiliation subie par l'Allemagne à l'issue de la Première Guerre mondiale.

Au sujet du programme du Parti nazi, Hitler le fonde sur l'idéologie de l'espace vital, le pangermanisme ou la volonté de réunifier les territoires peuplés d'Allemands et sur la nécessité d'assurer pour l'Allemagne, en Europe de l'Est, un « espace vital ». Ainsi, *Mein Kampf* évoque des menaces certaines sur la sécurité en Europe.

Ayant clairement perçu l'ampleur de cette menace, le pape Pie XII déclare, en 1929 : « ou bien je me trompe vraiment beaucoup, ou bien tout cela ne se terminera pas bien. Cet être-là est entièrement possédé de lui-même : tout ce qu'il dit et écrit porte l'empreinte de son égoïsme ; c'est un homme à enjamber des cadavres et à fouler aux pieds tout ce qui est en travers de son chemin. Je n'arrive pas à comprendre que tant de gens en Allemagne, même parmi les meilleurs, ne voient pas cela, ou du moins ne tirent aucune leçon de ce qu'il écrit et dit. Qui, parmi tous ces gens, a seulement lu ce livre à faire dresser les cheveux sur la tête qu'est *Mein Kampf*? »

Pour Hitler, la nouvelle carte de l'Europe reconfigurée à l'issue du Traité de Versailles, qu'il nomme « Diktat de Versailles », est irrecevable, car, elle entraîne la division néfaste des peuples appartenant à l'aire culturelle allemande. En revanche, selon le futur Guide, l'Autriche et les minorités allemandes de Pologne et de Tchécoslovaquie doivent être intégrées à l'Allemagne du « Grand Reich ».

Pour Hitler, en effet, « une heureuse prédestination m'a fait naître à Braunau-Am-Inn, bourgade située précisément à la frontière de ces deux États allemands dont la nouvelle fusion nous apparaît comme la tâche essentielle de notre vie, à poursuivre par tous les moyens »[196]. En vue d'assurer le plein épanouissement de la nation allemande réunifiée, Hitler invoque la stratégie guerrière des chevaliers teutons, en qui il voit les ancêtres des Allemands : « conquérir par l'épée allemande le sol où la charrue allemande devrait faire pousser le blé pour le pain quotidien de la nation »[197].

Pour cela, il devient impérieux de réarmer l'Allemagne et de renforcer son tissu économique au moyen de l'impérialisme annexionniste. Dans ce cas, l'expansion de la nation doit s'opérer en Europe de l'Est, en Europe centrale et danubienne, en Europe de l'Ouest et tout cela aux dépens principalement de la Russie, et, surtout, de la France considérée par Hitler comme « inexorable et mortelle ennemie du peuple allemand »[198].

En outre, Hitler s'inspire de la théorie de Gobineau pour développer sa conception du déclin des civilisations antérieures. Pour lui, la domination se réalise par l'expansion spatiale, qui débouche sur le métissage, lequel, en fin de compte, aboutit à une « dégénérescence de la race initiale », référant à la décadence. Mais, pour lui, les races « inférieures » ne peuvent prétendre subsister qu'en se métissant avec les peuples « supérieurs ». Ceux-ci ne constitueront plus une menace pour autant qu'ils eussent été totalement métissés. Hitler fait le constat de ce métissage croissant en Allemagne et dans le reste de l'Europe[199].

Selon sa façon de voir, cette évolution fatale entraîne la nation allemande vers sa ruine. C'est pourquoi, Hitler souligne : « le Parti national-socialiste des travailleurs

---

[196]Adolf Hitler, *Mein Kampf*, Les Nouvelles Editions Latines, 1979, p.17.
[197]*Ibidem.*, p.17.
[198]*Ibid.*
[199]*Ibid.*, p.26.

allemands tire ses caractères essentiels d'une conception raciste de l'univers »[200].

Hitler élucide également sa vision des relations du Parti et de la Propagande. Pour lui, à mesure que la propagande devient efficace, le besoin d'avoir des membres dans le Parti diminue. Dès lors, ceux-ci sont plus fiables et plus faciles à surveiller. Par conséquent, Hitler met un accent particulier sur l'organisation du Parti, en tirant les enseignements fournis par la « force de résistance » de l'Église catholique, ancrée dans « son attachement inébranlable à des dogmes établis une fois pour toutes, et qui seuls confèrent à l'ensemble un caractère de foi »[201].

Hitler préconise encore la pratique de l'eugénisme actif à l'encontre des individus handicapés, ou difformes. Il est question, pour lui, d'« anéantir avec une décision brutale les rejetons non améliorables »[202].

Quant à la position de la race supérieure dans cette entreprise funeste visant à établir un règne spécifiquement allemand dans le monde, Hitler affirme : « L'Aryen est le Prométhée de l'humanité »[203]. Dès lors, les peuples « inférieurs » ne doivent leur survie qu'à leur soumission absolue à la domination des peuples supérieurs et singulièrement du peuple allemand. En revanche, tout autre peuple « supérieur », s'il en existe, qui s'opposerait au peuple allemand, constituerait un danger qu'il faudrait éliminer par tous les moyens.

Hitler voit la France comme un ennemi mortel à abattre du fait de ses activités hostiles à l'Allemagne : « notre objectif primordial est d'écraser la France. Il faut

---

[200] *Ibid.*
[201] *Ibid.*
[202] *Ibid.*
[203] *Ibid.*, p.289.

rassembler d'abord toute notre énergie contre ce peuple qui nous hait. Dans l'anéantissement de la France, l'Allemagne voit le moyen de donner à notre peuple sur un autre théâtre toute l'extension dont il est capable »[204].

2-2-3- Le pardon

Seulement, du plus affreux chaos engendré par la Guerre, le Nègre sait encore créer l'harmonie d'une figure de paix et de réconciliation. C'est là la valeur suprême de son supplément d'âme et l'unique manière pour lui de transmettre la joie de vivre à ses semblables. Telle est la mission que Dieu assigne au nègre en ces temps de destructivité et de cruauté humaine accrue : irradier dans l'univers européen du chaos l'organon de l'art de vivre :

> *«Frères, je ne sais pas si vous avez bombardé Sodome et Gomorrhe.*
> *Non, vous les messagers de sa merci,*
> *le souffle du Printemps après l'Hiver.*
> *À ceux qui avaient oublié le rire...*
> *Qui ne connaissent plus que la saveur salée des larmes*
> *Vous apportez le Printemps de la paix...*
> *Et la nuit se remplit d'une douceur de lait...*
> *Les hommes dansent devant leurs machines*
> *et se surprennent à chanter.*
> *Et les hanches des femmes - oh ! Douceur - généreusement s'alourdissent.*
> *Oh délice de vivre après l'Hiver ! »*

---

[204] *Ibid.*

Or, les horreurs perpétrées par les nazis en Europe ont leurs pendants identiques en régime colonial depuis des siècles. Les nazis ont failli détruire la civilisation européenne dans un laps de temps qui a duré seulement quatre ans. Pourtant, le martyre des peuples africains opprimés dure depuis plus de quatre siècles :

> *« Au pied de mon Afrique crucifiée depuis*
> *quatre cents ans et pourtant respirante*
> *Laisse-moi Te dire, Seigneur, sa prière de paix et de pardon.*
> *Quatre siècles durant, l'Europe n'a cessé de multiplier les crimes contre l'Afrique »*[205].

[205]Léopold Sédar Senghor, *Prière de paix*, in *Poèmes*, *op. cit.*, pp.90-96. Cité in *Ibid.*, pp.74-75. Il est utile de noter ici que Senghor commet exactement la même erreur d'appréciation de la traite négrière que le théoricien éminent de l'identité culturelle de l'Afrique noire, Cheikh Anta Diop, ci-devant prince musulman sénégalais. Cheikh Anta Diop déclare : « l'essor économique de l'Europe de la Renaissance poussa donc à la conquête de l'Afrique qui se fit rapidement...L'Afrique sans défense apparut alors comme le réservoir humain tout indiqué où il fallait puiser une telle main-d'œuvre avec le minimum de frais et de risques. La traite moderne des esclaves nègres devint alors une nécessité économique avant l'apparition de la machine. Elle durera jusqu'au milieu du XIXe siècle...Déjà au Moyen Age le souvenir d'une Égypte ayant civilisé la terre s'était estompé par suite de l'oubli de la tradition antique cachée dans les bibliothèques ou ensevelie sous les ruines. Elle s'estompera davantage encore au cours de ces quatre siècles d'esclavage» (*Nations Nègres et culture*, Paris, éd. Présence Africaine, 1979, p.53.). Or, les Arabo-musulmans se sont illustrés sur le terrain comme les maîtres incontestés des razzias, des pillages et de la traite transsaharienne, du 7e au 19e siècle. Ils furent en cela les fournisseurs exclusifs d'esclaves aux Européens installés sur les côtes. Voir Piankhy, Kahm, *L'esclavage des noirs en terre d'islam*, 2008.

Senghor s'applique ici à théoriser la prédétermination théologique. Il veut par là réfuter le préjugé de l'infériorité congénitale du Noir. Il entend également relativiser les absolus religieux qu'il situe au fondement de l'égalité et de la spécificité des races humaines. Pour Senghor, en effet, l'âme noire acquiert la dignité ontologique du « conservatoire spirituel du monde », lequel se maintient à l'abri du développement scientifique et technique équivalent à un dépérissement des dispositions spirituelles constaté au sein des nations européennes. Dans la quiétude de l'émotivité africaine, Senghor croit découvrir les éléments primordiaux et purs de la foi au Dieu des chrétiens.

Bien plus, le moment crucial de cette agression coloniale c'est la traite transatlantique, que le poète évoque tout en requérant le pardon envers ses bourreaux, en ces vers :

> *« Il faut bien que tu oublies ceux qui ont exporté dix millions*
> *De mes fils dans les maladreries de leurs navires.*
> *Qui en ont supprimé deux cents millions.*
> *Et ils m'ont fait une vieillesse solitaire parmi la forêt de mes nuits et la savane de mes jours »*[206].

Le pardon est aussi un réquisit du poète en situation coloniale. Ici aussi, Senghor requiert le pardon à l'égard de ceux qui ont transformé les héros nègres en bêtes de somme et qui les ont accablés de travail servile :

> *« Et leurs boulets ont traversé les reins d'empires vastes*

---

[206] *Ibidem*. Cité in *Ibid.*, p.75.

Comme le jour clair, de la Corne de l'Occident,
jusqu'à l'horizon oriental
Seigneur, pardonne à ceux qui ont fait des Askia[207]
des maquisards
De mes princes des adjudants...
Qui ont donné la chasse à mes enfants
comme à des éléphants sauvages.
Et ils les ont dressés à coup de chicote... »

Senghor précise le rôle particulier joué par la France dans l'entreprise coloniale, caractérisé notamment par la fourberie :

« Oui, Seigneur, pardonne à la France qui dit bien
la voie droite et chemine par les sentiers obliques.
Qui m'invite à sa table et me dit d'apporter mon pain.
Qui me donne de la droite et de la main gauche enlève la moitié »[208].

La France combative veut la liberté pour elle-même et pour toute l'Europe face à l'agression destructive des nazis. Mais, la France admet en même temps la négation de fait de l'égalité dans ses zones d'agression coloniale. Senghor met également, par ce fait, la France en accusation devant le Seigneur. Mais, il lui pardonne ses crimes contre l'humanité africaine :

---

[207]Mohammed Touré, dit Askia Mohammed (1443-1538) fut empereur du Songhaï, originaire du Fouta Toro dans l'actuel Sénégal. Il renversa Sonni Baro, le fils de Sonni Ali Ber, en 1493. Il devint empereur du Songhaï. Adoptant le nom d'Askia Mohammed, il fut le fondateur de la dynastie des Askia. Il réorganisa et donna un essor nouveau à son empire. Il soumit au tribut le Mali, le royaume de Diarra, les Peuls du Fouta-Toro, le royaume berbère de l'Aïr, etc.
[208]*Ibid.* Cité in *Ibid.*

« Oui, Seigneur, pardonne à la France qui hait les occupants
Et m'impose l'occupation si gravement.
Qui ouvre des voies triomphales aux héros et traite ses
Sénégalais en mercenaires, faisant d'eux les dogues de l'Empire...
Seigneur, parmi les nations blanches, place la France
À la droite du Père »[209].

Senghor est bien conscient que l'essor du colonialisme français en Afrique s'accompagne de la destruction du fond culturel autochtone. Ainsi, tous les us et les coutumes, les rites cultuels constituant en substance le socle de la tradition africaine millénaire, subissent un processus systématique de désublimation et d'éradication. Ici encore, la France assume une responsabilité considérable :

« Ah ! je sais bien que plus d'un de tes messagers a traqué
mes prêtres comme gibier et fait un grand carnage d'images pieuses.
Et pourtant on aurait pu s'arranger, car elles furent, ces images,
de la terre à Ton ciel l'échelle de Jacob, la lampe au beurre clair
qui permet d'attendre l'aube, les étoiles qui préfigurent le soleil.

---

[209]*Ibid.* Cité in *Ibid.*, pp.76-77.

Je sais que nombre de tes missionnaires ont béni les armes
de la violence, et pactisé avec l'or des banquiers.
Mais il faut qu'il y ait des traîtres et des imbéciles »[210].
En invoquant le rôle de ses ancêtres dans irradiation du pardon, le poète pontifie :
« Soyez bénis, mes Pères, soyez bénis !
Vous qui avez permis mépris et moqueries,
les offenses polies, les allusions discrètes.
Soyez bénis, vous qui n'avez pas permis
que la haine gravelât ce cœur d'homme ».

2-2-3- Le « supplément d'âme »[211] du Nègre

Senghor prête le flanc au développement de la psychologie des peuples, pour autant qu'il veuille faire admettre qu'aux antipodes de la rationalité technologique occidentale, les sociétés traditionnelles sont inaptes à l'abstraction physico-mathématique ; elles se réduisent donc au rythme, à la sensualité émotive, au folklore, à la croyance mystique, etc. Par suite de son acquiescement,

---

[210]*Ibid.* Cité in *Ibid.*, p.77.

[211]Dans son essai *Les deux sources de la morale et de la religion*(1932), Paris, éd. PUF, coll. «Quadrige», 1984, pp. 329-331.),Henri Bergson entend donner une réponse théologique à la crise de croissance de la technique moderne : «ne nous bornons donc pas à dire, comme nous le faisions plus haut, que la mystique appelle la mécanique. Ajoutons que le corps agrandi attend un supplément d'âme, et que la mécanique exigerait une mystique. Les origines de cette mécanique sont peut-être plus mystiques qu'on ne le croirait; elle ne retrouvera sa direction vraie, elle ne rendra des services proportionnés à sa puissance, que si l'humanité qu'elle a courbée encore davantage vers la terre arrive par elle à se redresser, et à regarder le ciel ».

Senghor est conduit à élaborer un ethno-type nègre, essentialiste et irrationaliste.

Au cours des années 1930 et cela à la faveur de l'exacerbation de l'idéologie de la race en Europe occidentale, de jeunes étudiants noirs se réunissent à Paris pour porter le mouvement de défense de la culture noire sur les fonts baptismaux. Parmi ceux-ci, figurent au premier plan les poètes illustres du surréalisme : Senghor, Césaire, Damas, etc. Senghor explique le contexte socio-historique d'émergence de la Négritude en ces termes : « nous étions plongés, avec quelques autres étudiants noirs, dans une sorte de désespoir panique. L'horizon était bouché. Nulle réforme en perspective, et les colonisateurs légitimaient notre dépendance politique et économique par la théorie de la table rase. Nous n'avions, estimaient-ils, rien inventé, rien créé, rien écrit, ni sculpté, ni peint, ni chanté. Des danseurs ! Et encore… Pour asseoir une révolution efficace, notre révolution, il nous fallait d'abord nous débarrasser de nos vêtements d'emprunt - ceux de l'assimilation - et affirmer notre être, c'est-à-dire notre négritude »[212].

La Négritude, telle que Senghor l'appréhende dans l'élément de la distanciation critique, consiste à mettre en saillie le contenu immanent de « l'âme nègre », autrement dit, de porter à l'ouvert la spécificité de l'âme nègre confrontée à l'autosuffisance idéologique de la rationalité européenne. Donc, Senghor s'applique avec bonne conscience à mettre en évidence « ce que l'homme

---

[212]Cité par Lylian Kesteloot, *Les écrivains noirs de langue française*, éd. De l'Université, 1977, p.110.

noir apporte »[213] dans ce grand concert pan-universel de la civilisation.

Senghor déclare : « … l'émotion est nègre comme la raison est hellène… La nature même de l'émotion, de la sensibilité du Nègre, explique l'attitude de celui-ci devant l'objet, perçu avec une telle violence essentielle. C'est un abandon qui devient besoin, attitude active de communion, voire d'identification, pour peu que soit forte l'action, j'allais dire la personnalité de l'objet.

Attitude rythmique. Que l'on retienne le mot… Ainsi, toute la nature est animée d'une présence humaine. Elle s'humanise, non seulement les animaux et les phénomènes de la nature -pluie, vent, tonnerre, montagne, fleuve, - mais encore l'arbre et le caillou se font homme »[214].

Émotion, féminité et rythme induisent une attitude anthropo-psychique : le Nègre ne pouvant imaginer l'objet différent de lui dans son essence, lui prête une sensibilité, une volonté, une âme d'homme. Ici, la sensualité émotive jaillit de la représentation biologique de la femme noire, en tant qu'elle se caractérise par sa splendeur physique et sa volupté :

« Les perles sont étoiles sur la nuit
La nuit de ta peau
Délices des jeux de l'esprit, les reflets de l'or rouge
Sur la peau qui se moire
Et la strophe finale n'est pas sans rappeler le « carpe diem » d'Horace ou de Ronsard
Je chante ta beauté qui passe, forme que je fixe

---

[213] *Liberté I. Négritude et humanisme*, Paris, éd. du Seuil, 1964, pp.22-23.
[214] *Ibidem*., pp.24-25

Dans l'éternel
Avant les racines de la vie »[215].

Cette exaltation de la beauté de la femme noire s'accompagne d'une volonté subtile de la réhabiliter dans une situation historique où elle est devenue le jouet des colons européens, pour assouvir leurs pulsions sexuelles - embuées d'alcool - avides et perverses. Dans ce contexte, les femmes noires sont directement situées au cœur de cette politique raciste, lorsqu'il faut identifier les entités raciales en vue d'établir la hiérarchie des races. Les femmes noires servent comme des symboles importants ou des attributs efficaces de la supériorité des Européens sur les Noirs. Cela signifie que les femmes noires sont replacées dans le continuum des valeurs spécifiques de la société européenne : « l'expansion coloniale à l'époque moderne a été presque exclusivement le fait des hommes qui, négociants, soldats et fonctionnaires, véhiculèrent les idées et les préjugés européens sur les femmes. Les femmes européennes étaient elles-mêmes victimes de ces idées et de ces préjugés induits eux-mêmes par les structures sociales patriarcales »[216].

En dépit des progrès réalisés par l'esprit humain au Siècle des Lumières, le monde historique européen reste dominé par le régime patriarcal qui continue de reléguer « les femmes dans l'espace domestique et privé »[217].

---

[215]Léopold Sédar Senghor, « Chants d'ombre », in *Poèmes*, *op. cit.*, pp.16-17. Cité in Marcien Towa, *Léopold Sédar Senghor, Négritude ou servitude ?*, *op. cit.*, p.29.
[216]Simon Katzenellenbogen, « Femmes et racisme dans les colonies européennes », in *Clio. Histoire, femmes et société*, 1999, par.7.
[217]*Ibid.*, par.8.

Les Européens conquérants continuent de renforcer le préjugé suivant lequel « la puissance, le courage et la capacité à gouverner » sont « des caractéristiques réservées à l'Européen mâle »[218]. Aussi, les femmes colonisées subissent-elles de façon plus drastique encore les effets néfastes de ce préjugé, lequel est orné du nimbe mythologique de la race : « les femmes indigènes furent victimes en général du racisme colonial et en particulier des attitudes patriarcales européennes (et autres) et des prises de position changeantes ou contradictoires en ce qui concerne les enfants mixtes »[219].

À ce stade, la couleur de la peau acquiert une signification croissante au plan social et juridique, du fait de la multiplication du nombre d'enfants issus de rapports sexuels entre les Européens et leurs sujets de race indigène, en particulier de race nègre. Les femmes coloniales occupent une place fondamentale dans la formation de la mythologie de la race. Les Européens les présentent sous une figure essentiellement animalière pour justifier leur vision manichéenne du monde, surtout lorsqu'il s'agit « d'activités essentiellement féminines. À preuve, on dit que les Africaines accouchent en public, entourées de beaucoup de gens, au lieu de se cacher modestement dans une chambre privée, avec la seule compagnie de la sage-femme. On dit aussi que les Africaines accouchent sans douleur, ce qui permet à la mère de retourner travailler presque immédiatement. Encore plus, est la description des seins des Africaines, qui sont suffisamment longs pour qu'elles puissent les passer par-dessus l'épaule pour nourrir l'enfant accroché

---

[218] *Ibid.*

[219] *Ibid.*, par.9.

derrière (la pratique de porter un enfant sur son dos est aussi considérée comme un manque de civilisation) ».

Ces images particulièrement abêtissantes de la femme africaine sont renforcées par une tradition antique essentiellement romaine. Mais, elles sont systématiquement développées par les chrétiens, les Juifs et les Musulmans. Ces différentes traditions se ramènent toutes à leur racine commune : l'esthétique féminine centrée sur la valorisation exclusive de la peau blanche : « la peau blanche était un signe de noblesse, tandis que la peau brune et rugueuse était des paysans et de ceux qui appartenaient aux couches les plus basses de la société et travaillaient au soleil… La plupart des récits insistent plutôt sur la laideur des Africains en général et de leurs femmes en particulier »[220].

La conséquence inéluctable de cette pratique funeste est que « les occasions de rencontres entre hommes sujets et femmes européennes étaient fort rares »[221]. C'est ainsi qu'en Afrique noire, les gouvernements coloniaux européens encouragent les colons à accaparer les femmes indigènes. Celles-ci jouent un rôle commercial, en tant qu'elles sont utilisées comme « signares »[222] pour faciliter les liens avec les communautés indigènes.

---

[220]*Ibid.*, par.16

[221]*Ibid.*

[222]À l'origine, les « signares » (du portugais*senhoras*) étaient de jeunes femmes métisses, issues du mariage de portugais, et, ensuite, de français et d'Anglais avec des femmes wolofs et peules de la Petite-Côte du Sénégal, dans les comptoirs de Rufisque (*Rufisco*) au XVIIe siècle, puis de Gorée et finalement de Saint-Louis jusqu'au milieu du XIXe siècle. Selon Aristote, « l'âme est l'achèvement (l'entéléchie première) d'un corps formé par la nature, et doué de tous les organes nécessaires à la vie. Elle est la forme et l'essence du corps. Conséquence de cette définition : l'âme n'est point séparée du corps, mais elle y est peut-être comme le passager dans le vaisseau ». *Traité*

Or, au regard de sa tentative pour mettre en saillie la sensualité émotive du Nègre, Senghor cherche en réalité à transcender le plaisir organique et érotique du corps vers la spécification du principe - entéléchie - de l'âme nègre : l'émotion-féminité. C'est en cela que consiste proprement le principe du corps nègre « ayant la vie en puissance »[223].

C'est ainsi que Senghor considère l'âme nègre comme « le levain » sans quoi « la farine blanche » ne saurait engendrer du pain. Plus l'homme africain cherche à s'assimiler au colon, plus il nourrit du mépris pour les siens, pour leur vie, pour leur comportement. Les troubles de la personnalité que cette situation provoque chez l'homme africain sont considérables. Le complexe d'infériorité du colonisé renforce la puissance du colon. D'où le caractère austère du « supplément d'âme » que Senghor attribue à l'humanisme nègre :

> *« Visage de masque fermé à l'éphémère,*
> *Sans yeux, sans matière*
> *Tête de bronze parfaite et sa patine de temps*
> *Que ne souille fards ni rougeurs ni rides, ni traces de larmes ni de baisers.*
> *Ô visage tel que Dieu t'a créé avant la mémoire même des âges*
> *Visage de l'aube du monde, ne t'ouvre pas comme un col tendre pour émouvoir ma chair.*

---

de l'âme, livre second, partie I, chapitre premier. Définition générale et préliminaire de l'âme.

[223] *Ibid.* Cité in *Ibidem.*

Je t'adore, Ô Beauté, de mon œil monocorde »[224].

La révolte ouverte et explosive contre la domination blanche, telle que la praxis révolutionnaire marxienne la prévoit, se mue chez Senghor sous le trait de l'introjection, du ressentiment ou de la révolte intérieure :

« Les torrents de mon sang sifflaient le long des berges de ma cellule.

C'était pendant des nuits et des jours plus solitaires que la nuit.

Sous le coup de bélier, tenaces étaient les digues et les murs d'un poids perfide.

J'étais là, me cognant la tête comme le désespoir d'un enfant nerveux »[225].

2-2-4- L'Afrique : terre de civilisation

Du point de vue de son historicité, l'Afrique n'est point cette table rase, cette *terra incognita* fantasmatiquement décrite par les idéologues occidentaux de la race. Dans sa progression développée, en effet, l'histoire de l''Afrique est marquée par une organisation sociale et politique intégrée et stable autour de l'autorité du chef de famille, du chef de tribu, du roi. Senghor évoque à l'appui de sa recension historique « les trois royaumes sérères du Baol, du Siné et du Saloum au Sénégal »[226].

---

[224] Léopold Sédar Senghor, *Masque Nègre*, in *Poèmes*, *op. cit.*,pp. 17-18. Cité par Marcien Towa, *Léopold Sédar Senghor, Négritude ou servitude ?*, *op. cit.*, p.35.

[225] Léopold Sédar Senghor, *Liberté I. Négritude et humanisme*, *op. cit.*, p.46. Cité in *Ibid.*, p.40.

[226] Léopold Sédar Senghor, *Liberté I. Négritude et humanisme*, *op. cit.*, p.46. Cité in *Ibid.*, p.40.

Dans ce type de royaume nègre, le code de l'honneur et l'héroïsme sont des valeurs essentielles qui sous-tendent la formation de l'homme. Ainsi, Senghor rejette la caricature hideuse de la royauté africaine hâtivement brossée par l'aristocratie de race et d'élite européenne, pour montrer que l'État en Afrique est régenté par un despotisme froid et cruel. Senghor évoque alors la figure exemplaire du roi nègre :

> *« Tu n'es pas plante parasite pour l'abondance rameuse de ton peuple.*
> *Ils mentent ; tu n'es pas tyran, tu ne te nourris pas de sa graisse...*
> *Voilà, tu es, pour écarter au loin l'ennemi...*
> *Le chef qui organise la force qui forge...*
> *Tu es ton peuple.*
> *La terre sombre de ta peau et féconde,*
> *Généreusement il l'arrose de la tornade séminale.*
> *Tu es son épouse, tu as reçu le sang sérère et le tribut de sang peuhl »*[227].

C'est pourquoi Senghor n'éprouve aucun souci à conférer un caractère de poète au héros légendaire du peuple noir de l'Afrique du Sud : Chaka Zoulou (1787-1828). La grandeur de Chaka atteint un degré jamais égalé dans le monde bantou[228]. Sur le plan de la postérité, il apparaît comme un leader charismatique, le fondateur

---

[227]Léopold Sédar Senghor, *Chants d'ombre*, in *Poèmes*, *op. cit.*, pp.37-42.Cité in *Ibid.*, pp.41-42.

[228]Voir notamment: Thomas Mopuku Mofolo, *Chaka : une épopée bantoue*, Paris, Gallimard, 1981 ; Tidiane N'Diaye, *L'Empire de ChakaZoulou*, Paris, éd. L'Harmattan, 2000; Henry Francis Fynn, *Chaka, roi des Zoulous*, Toulouse, Anaecharsis, 2004.

d'une nation de guerriers et d'hommes libres. Or, Senghor veut transformer ce grand guerrier en poète : « Bien mort le politique et vive le poète »[229].

Celui que l'on a appelé, à juste titre, le Napoléon de l'Afrique, est maintenant rabaissé jusqu'à la simplicité de l'enfance, vaincu, humilié :

« Me voilà rendu à la terre.
Qu'il est radieux le Royaume de l'enfance !
Et c'est la fin de ma passion »[230].

La passion aurait été la catharxis de la soif inextinguible du guerrier zoulou pour le pouvoir : « Le pouvoir fut ton bien, tes délices »[231].

Or, cette ambition effrénée pour le pouvoir tue le poète en lui, accentuant encore plus sa passion :

« Je devins une tête un bras sans tremblement,
Ni guerrier, ni boucher
Un politique tu l'as dit- Je tuais le poète
Un homme d'action seul
Un homme seul et déjà mort avant les autres,
comme ceux que tu plains
Qui saura ma passion ? »

Chaka aurait donc profondément souffert de tous ces crimes que sa passion du pouvoir l'a poussé à commettre. Or, le poète requiert la rédemption en faveur de ce héros

---

[229]Léopold Sédar Senghor, *Chaka*, in *Poèmes*, *op. cit.*, p. 130. Cité in *Ibid.*, p.91.
[230]*Ibidem*. Cité in *Ibid.*, p.91.
[231]*Ibid.* Cité in *Ibid.*

tourmenté: « il sera pardonné à qui aura beaucoup souffert »[232].

Du reste, pour Senghor, Chaka doit périr comme guerrier pour renaître en poète de la Négritude. C'est là l'unique façon pour lui de connaître la paix et la félicité.

Donc, pour Senghor, chez le Nègre, il n'existe point d'antinomie entre l'amour et la vertu héroïque du devoir. C'est pourquoi le Nègre se révèle aux yeux de Senghor supérieur au blanc par le biais de son supplément d'âme qui se manifeste à l'effectivité par l'amour du prochain. En cela, Senghor appréhende l'âme nègre comme une « force active ». Il la définit en ces termes : « on peut dire que c'est une force spirituelle, un principe de vie intellectuelle et morale qui anime chaque être, chaque plante, chaque chose pourvue d'un caractère propre : montagne, caverne, rocher, lac…l'âme est, dans son essence, force active »[233].

Dès lors, même dans les pires sévices subis, le Nègre parvient à s'unir à son bourreau dans un éthos réconciliateur. Qui plus est, même dans ses moments héroïques de sévérité aristocratique, le Nègre parvient à s'émouvoir sur l'exubérance de sa force : « que de récits épiques où les héros implacables pleurent et les auditeurs y distinguent un signe de noblesse. Émotion nègre ! »

2-2-5- Le métissage

Comme mû par la Providence, qui se manifeste à lui par « l'ange », son gardien bienveillant, le poète réussit à surmonter son désespoir : « j'ai dit paix à mon âme sur un

---

[232]*Ibid.* Cité in *Ibid.*

[233]Léopold Sédar Senghor, *Liberté I. Négritude et humanisme*, *op.cit.*, p.71. Cité in *Ibid.*, p.47.

signe de l'ange ». Celui-ci lui montre « la vérité » et lui fait goûter « une douceur point menteuse ». Une fois libéré de sa prison intérieure, dit Senghor, « je vis poindre les étoiles et entendis un cantique de paix »[234].

Dès lors, Senghor s'engage à trouver un terrain d'entente entre les deux cultures - européenne et négro-africaine - qui lui apparaissent d'abord disjointes et conflictuelles :

> *« Choisir ! Et délicieusement écartelé entre ces mains amies.*
> *Ah ! Je ne sais plus qui est ma sœur,*
> *qui est ma sœur de lait »*[235].
> *Ces deux mains, point n'était question pour le poète de les distinguer, mais de les « unir dans ma main chaude de nouveau »*[236].
> *La rencontre des cultures ne se déroule plus chez le poète sous le crépitement des armes, mais, à la pointe du métissage :*
> *« Ô sangs mêlés dans mes veines, seulement le battement*
> *nu de mes mains !*
> *Que j'entende le chœur des voix merveilles des sangs mêlés !*
> *Que j'entende le chant de l'Afrique future »*[237].

---

[234]Léopold Sédar Senghor, *Libération*, in *Poèmes*, *op. cit.*,pp.26-27. Cité in *Ibid.*, p.38.
[235]Léopold Sédar Senghor, *Que m'accompagnent Koras et balafons*, in Poèmes, *Ibid.*, pp. 28-37. Cité in *Ibid.*, p.39.
[236]*Ibidem*. Cité in *Ibid.*, p.39.
[237]Léopold Sédar Senghor, *Chants d'ombre*, in *Poèmes*, *op. cit.*, pp.37-42. Cité in Ibid., p.42

Le métissage auquel le poète fait allusion ici consiste d'abord dans une forme de métissage nègre, c'est-à-dire de ses ancêtres, les Peuhls, avec des « nègres proprement dits ». Ensuite, ce métissage apparaît plus large : « métissé de pygmées dans les forêts guinéennes et équatoriales, de sémito-kamites dans les plaines soudanaises, le Négro-Africain ne laisse pas de présenter une unité remarquable sous sa grande diversité somatique et culturelle »[238].

Senghor fait ainsi une tentative prodigieuse et mystique pour rattacher la filiation du Nègre à son ancêtre blanc, notamment portugais :

> *« J'ai retrouvé mon sang, j'ai découvert mon nom l'autre*
> *année à Coïmbre, sous la brousse des livres.*

---

[238]Léopold Sédar Senghor, *Liberté I. Négritude et Humanisme*, op. cit., p.70. Cité in *Ibid.*, pp.42-43. Les Sémites réfèrent, en linguistique, aux locuteurs des langues sémitiques, qu'on rencontre essentiellement au Moyen-Orient, dans la Corne de l'Afrique (Érythrée, Éthiopie, Soudan, etc.) et en Afrique du Nord. Le terme a été créé à partir du nom du personnage biblique Sem (signifiant en hébreu la « prospérité »), dernier fils de Noé. Le mot «sémite» a été utilisé à partir du 19e siècle pour représenter les locuteurs de ces langues comme appartenant à une «race humaine» spécifique : la race juive.
Le terme « Kama » est l'appellation considérée comme la plus ancienne désignant les territoires habituellement appelés « Afrique subsaharienne » ou « Afrique noire ». Les habitants de Kama sont des « Hamites ». Ce terme signifie en hébreu « Kahm », c'est-à-dire « brûlé, chaleur, noirci », caractéristique biophysique de ce continent (Hérodote dit qu'en Égypte, la chaleur rend les hommes noirs, *Histoire* II, 22).De plus, le chapitre 10 du livre de la Genèse désigne l'actuel continent africain sous l'ancien nom « KaM », le diminutif de « KaMa ». Les Anciens Égyptiens s'appelaient notamment par le mot « KaMtou », signifiant « Noirs ».

Mon sang portugais s'est perdu dans la mer de ma Négritude »[239].

Pour Senghor, la typologie des races humaines, qui structure la philosophie européenne jusqu'alors, n'est qu'un mythe inconsistant et fictif. Car, le Nègre n'est en réalité que le produit d'un métissage sémito-kamite, étant entendu que le Sémite est l'ancêtre des Blancs, et, le Kamite, celui des Noirs. Par conséquent, le monde noir n'est pas, selon Senghor, aussi nègre qu'on le croit communément. Qui plus est, Senghor définit l'humanité du Nègre métissé sous la catégorie de l'émotivité : « C'est toi seul que j'aime… Émotion nègre ! L'homme noir vit essentiellement dans l'ordre de l'émotion »[240].Émotion-plastique, émotion-lascive, émotion-lubrique, que l'on peut résumer sous le nom d'amour. Face à l'effusion incontrôlée de la haine raciale, le Nègre doit porter fièrement son émotion sur ses épaules, afin de l'irradier au sein de l'Humanité pétrifiée.

Cet élan d'amour vise d'abord à unir l'Afrique noire sous domination française à la métropole. Senghor est un artisan remarquable de la Francophonie :

« Que l'enfant blanc et l'enfant noir - c'est l'ordre alphabétique- que les enfants de la France confédérée aillent main dans la main ;
Tel que les prévoit le poète, tel que le Couple Demba-
Dupond sur les monuments aux Morts

---

[239]Léopold Sédar Senghor, *Elégie des saudades*, in *Ethiopiques*, 1956. Cité in *Ibid.*, p.43.

[240]Léopold Sédar Senghor, *Liberté I. Négritude et Humanisme*, *op. cit.*, p.75. Cité in *Ibid.*, p.45.

Que l'ivraie de la haine n'embarrasse pas leurs pas dépétrifiés.
Qu'ils progressent et grandissent souriants, mais terribles à leurs ennemis comme l'éclair et la foudre ensemble »[241].

On peut déceler, à l'arrière-plan de cette dernière strophe, une allusion au chant de ralliement des soldats français pendant la Guerre, encore nommé « La Marseillaise » :

«*Aux armes citoyens*
Formez vos bataillons
Marchons, marchons
Qu'un sang impur
Abreuve nos sillons ! »

Senghor projette, à l'égard de son maître français, des yeux de Chimène, en dépit de toutes les horreurs perpétrées en Afrique par les colons français. Après avoir fait l'expérience de la bêtise humaine, Senghor convie l'humanité européenne dégénérée à l'écoute de la voix de l'Afrique, vibrant au cordon de l'amour du prochain :

« Écoute sa voix bleue dans l'air lavé de haine...
Elle dit ton baiser plus fort que la haine et la mort »[242].

[241]Léopold Sédar Senghor, *Prière des tirailleurs Sénégalais*, *op. cit.* Cité in *Ibid.*, pp.55-56.
[242]Léopold Sédar Senghor, *Hosties Noires*, in *Poèmes*, *op. cit.*, p.87. Cité in *Ibid.*, p.65.

Au cœur de la barbarie la plus inhumaine que le colon blanc inflige à l'Africain, Senghor sait encore faire l'ordre d'un poème d'amour.

3- La construction de l'Eurafrique

Seulement, Senghor formule sa poétique du pardon au moment où, précisément, il esquisse un plan de réforme de l'Empire colonial français, dans lequel, il réclame la mise en place au niveau de l'Union française, d'un organe fédéral permettant aux Africains « d'assimiler rapidement certaines techniques modernes et de préparer les cadres qu'exigera l'indépendance »[243].

Or, Senghor prend ses distances vis-à-vis des élus africains qui protestent contre le texte de 1946, constitutif de l'Union française. Senghor récuse le nationalisme africain, qu'il considère comme une arme rustique, « un vieux fusil de chasse ». Car, dit-il, « l'indépendance n'est plus que mythe à nourrir un nationalisme archaïque. Parler d'indépendance, c'est raisonner la tête en bas et les pieds en l'air, ce n'est pas raisonner. C'est poser un faux problème »[244].

Senghor reste fortement attaché au maintien de l'Union française : « ce que je crains, c'est que dans l'avenir, sous la poussée fatale de la libération de l'Afrique, nous ne soyons amenés à sortir de l'orbite française. C'est pour

---

[243]Léopold Sédar Senghor, « Défense de l'Afrique Noire, 1er mai 1945 », in *Esprit*, Paris, juillet 1945, pp.237-245. Cité in *Ibid.*, p.86.
[244]Léopold Sédar Senghor, « Confédération et fédération », in *Condition humaine 170*, Paris, 14,4, 1956, pp. 1-2. Cité in I*bid.*, p.88.

cela qu'il faut non seulement rester dans l'Union française, mais dans la République »[245].

Déjà, dès la sortie du Conseil de l'Europe des fonds baptismaux en 1949, Senghor revendique l'intégration des Territoires français d'Outre-mer à l'Europe. Pour Senghor, l'Eurafrique constitue le creuset de l'Union définitive des peuples noirs d'Afrique avec la communauté des nations civilisées d'Europe. Et, dans cette Union matrimoniale paneuropéenne, que Senghor qualifie de « mariage de raison », les Africains doivent former « les pages qui portent le voile de la mariée »[246].

En tout état de cause, il y a lieu de constater que le 20e siècle a entraîné l'humanité tout entière dans des effusions de violence génocidaire annihilant toute requête de la pensée moderne en faveur de la civilisation. Au regard de cette évolution fatale, Senghor formule sa vision des rapports humains articulée autour d'une poétique de la Négritude sous-tendue par les concepts de pardon et d'amour. C'est pourquoi la négritude senghorienne, de par sa connotation humaniste, doit nous inspirer dans nos réflexions actuelles sur la condition humaine, dans un monde de plus en plus tourmenté par l'hydre de la violence et de la terreur.

Conclusion

Le but que nous nous sommes proposé, à l'ouverture du présent travail, consistait en une tâche essentielle :

---

[245]Léopold Sédar Senghor, « Il faut rétablir l'Union », in *Paris-Dakar*, 5859, 13,3, 1955, p. 1, col 6. Cité in *Ibid.*, p.89.

[246]Léopold Sédar Senghor, « Intervention au Conseil de l'Europe », in *Paris-Dakar*, 5163, 9,1, 1953, p.6. Cité in *Ibid.*, p.91.

examiner le rapport de la philosophie de l'Histoire et de la Négritude, en élucidant notamment le problème de l'intelligibilité dans la rationalité historique.

À l'issue de cette étude, nous établissons les constats suivants : d'une part, Hegel possède une bonne connaissance de l'Égypte, dont il reconnaît d'ailleurs la grande portée symbolique de son art. Mais, ce que le philosophe ne peut concevoir, c'est que la civilisation égyptienne soit, en substance, une civilisation nègre. Le thème récurrent de l'Afrique comme un continent sans histoire n'est point uniquement campé dans l'exégèse religieuse classique. C'est également une référence paradigmatique pleinement développée, avec toute la vigueur du concept, par les philosophes de l'*Aufklärung*. Dès lors, la philosophie européenne évolue elle-même à partir de l'idéologie de la race, pour atteindre à la morale dans l'entreprise coloniale au nom de la mission civilisatrice. Donc, si l'analyste critique effectue une comparaison entre l'humanisme de la Renaissance et la philosophie de l'Histoire issue de l'*Aufklärung*, il découvrira certainement que l'émergence de la civilisation européenne à la modernité, constitue le début d'une régression dans l'ordre spirituel humain, qui s'étend de la fin du 16e siècle jusqu'à nos jours.

D'autre part, Senghor s'applique à théoriser la prédétermination théologique. Il veut, par là, réfuter le préjugé de l'infériorité congénitale du Noir. Il entend également relativiser les absolus religieux, qu'il situe au fondement de l'égalité et de la spécificité des races humaines. Pour Senghor, en effet, l'âme noire acquiert la dignité ontologique du « conservatoire spirituel du monde », lequel se maintient à l'abri du développement scientifique et technique, qui équivaut alors à un dépérissement des dispositions spirituelles constaté au sein des nations européennes. Dans la quiétude de la spiritualité du Nègre, Senghor croit découvrir les éléments primordiaux et purs de la foi au Dieu des chrétiens.

Nous soulignons, en dernière analyse, que du point de vue de la formulation du concept et de sa coïncidence avec le processus historique, Hegel renverse la méthode dialectique, et, partant, accentue le problème de l'intelligibilité dans la rationalité historique. Car, sa philosophie de l'Histoire abandonne la liberté à la nature et la Raison à la limite indépassable de la nécessité ontologique.

Il était donc question pour nous, en retour, de renouer avec le royaume du véritable esprit philosophique, pour détecter et mettre au jour, grâce à la lumière du concept, les forces qui étaient à l'origine des événements, tels qu'ils advenaient dans l'histoire tourmentée de l'Afrique. Nous voulions comprendre cette histoire sous sa vraie figure, dans le sens de comprendre ce qui a été fait de l'Afrique et ce que peut l'Africain, sur le grand théâtre de l'Histoire universelle.

Résumé

Le présent travail consiste en une tâche essentielle : examiner le rapport de la philosophie de l'Histoire et de la Négritude, en élucidant notamment le problème de l'intelligibilité dans la rationalité historique. Il est donc question pour nous de surmonter ce problème, en renouer notamment avec le royaume du véritable esprit philosophique, pour détecter et mettre au jour, grâce à la lumière du concept, les forces qui étaient à l'origine des événements, tels qu'ils advenaient dans l'histoire tourmentée de l'Afrique. Nous voulons comprendre cette histoire sous sa vraie figure, dans le sens de comprendre ce qui a été fait de l'Afrique et ce que peut l'Africain, sur le grand théâtre de l'Histoire universelle.

Mots clés : Philosophie de l'Histoire ; Négritude ; Raison ; Idée ; Esprit ; Religion ; Art.

Bibliographie

Alcée,
-*Fragment 307*, IIIe siècle av. J.-C. ; *Fragment 2 Berg.*

Anta Diop, Cheikh,
-*Nations Nègres et culture*, Paris, éd. Présence Africaine, 1954.

Aristote,
-*La Politique*, livre I, Paris, éd. Vrin, 1962.

-*Traité de l'âme*, Paris, éd. Flammarion, 1934.

Assmann, Jan,
-*Maât, l'Égypte pharaonique et l'idée de justice sociale*, Fuveau, La Maison de Vie, 1999.

Bacon, Francis,
-*Novum Organum Scientiarum* (*La nouvelle méthode scientifique*, 1620), Paris, PUF, 1986.

Bonhême, Marie-Ange et **Forgeau, Annie,**
-*Pharaon : Les secrets du Pouvoir*, Paris, Armand Colin, 1988.

Broca, Paul,
-*Sur les crânes de la caverne de l'homme-mort*, Revue d'anthropologie, N° 2, Paris, 1873.

Bergson, Henri,

-*Les deux sources de la morale et de la religion*(1932), Paris, éd. PUF, 1984.

Bréhier, Émile,

-*Histoire de la philosophie, I,* Paris, éd. PUF, 1983.

Césaire, Aimé,

-*Cahier d'un retour au pays natal* (1939), Paris, éd. Présence Africaine, 1955.

-*Discours sur le colonialisme* (1950), Paris, éd. Présence Africaine, 1956.

Clayton, Peter A.,

-*Chronique des Pharaons : L'histoire règne par règne des souverains et des dynasties de l'Égypte ancienne*, Paris, Casterman, 1995.

Darwin, Charles,

- *Sur l'origine des espèces au moyen de la sélection naturelle, ou la préservation des races les meilleures dans la lutte pour la vie*, Londres, éd. John Murray, 1859.

-*La Filiation de l'homme et la sélection liée au sexe*, Londres, éd. John Murray, 1871.

-*L'Expression des émotions chez l'homme*, Londres, éd. John Murray, 1872.

Damas, Léon-Gontran,

-*Pigments* (1937), Paris, éd. Présence Africaine, 1962.

Dadié Binlin, Bernard,

-*Patron de New York*, Paris, éd. présence Africaine, 1964.

-*La ville où nul ne meurt*, Paris, éd. Présence Africaine, 1968.

Égypte

-*Le dialogue du désespéré avec son Bâ.*

-*Le Traité de Memphis.*
-*Le livre de connaître les modes d'existence de Rê.*
-*Papyrus Rhind-Bremner*, British Museum, Londres, 1865.

Frobenius, Leo,
-*Histoire de la civilisation africaine*, Paris, éd. Gallimard, 1938.

Fanon, Frantz,
-*Peau Noire, Masques Blancs*, Paris, éd. du Seuil, 1962.

Fynn, Henry Francis,
-*Chaka, roi des Zoulous*, Toulouse, éd. Anaecharsis, 2004.

Gobineau, Joseph Arthur (de),
- *Essai sur l'inégalité des races humaines* (1853-1855), Paris, éd. Gallimard, 1983.

Homère,
-*Odyssée*, VIe siècle av. J.-.C.

Hobbes, Thomas,
-*De la Nature Humaine, ou Exposition des facultés, des actions et des passions de l'âme, et de leurs causes déduites d'après des principes philosophiques qui ne sont communément ni reçus ni connus* (1772), Paris, éd. Vrin, 1971.

Hegel, Georg Wilhelm Friedrich,
-« Lettre à Schelling », 16 avril 1795.
-*La Positivité de la religion chrétienne* (1795-1796), Paris, éd. PUF, 1983.
-*La Vie de Jésus* (1796), Paris, éd. Vrin, 2009.
-*L'Esprit du christianisme et son destin* (1797), Paris, éd. Vrin, 1981.

-*Leçons sur l'histoire de la philosophie* (1805-1830), Paris, éd. Vrin, 1990.
-*Esthétique* (1818-1830), Paris, Librairie Germer-Baillère, 1875, tome premier (1835).
-*Principes de la philosophie du droit* (1821), Traduction Jean-François Kervégan, Paris, PUF, 2003.).
-*Leçons sur la philosophie de l'Histoire* (1822), Paris, éd. Vrin, 1937.
-*Leçons sur la philosophie de la religion* (1821-1831), Paris, éd. Vrin, 1959.
-*La Raison dans l'Histoire* (1822-1828), Paris, éd. 10/18, 1986.

Hitler, Adolf,
-*Mein Kampf. Eine Abrechnung* (*mon combat.Un bilan.*), Munich, 1924-1925. Les Nouvelles Éditions Latines, 1979.

Kant, Emmanuel,
-*Traité de paix perpétuelle*, 1795, Paris, éd. Jansen et Perronneau, 1796.

-Fondements de la métaphysique des mœurs (1797), Paris, éd. Delagrave, 1986.

Kesteloot, Lylian,
-*Les écrivains noirs de langue française*, éd. de l'Université, 1977.

Kershaw, Ian,
-*Hitler, 1889-1936: Hubris*, Londres, éd. Perguin Books, 1998.

Katzenellenbogen, Simon,
-« Femmes et racisme dans les colonies européennes », in *Clio. Histoire, femmes et société*, Paris, 1999.

Locke, John,
-*Essai sur l'entendement humain* (1690), Paris, éd. Vrin, 1972..
-*Pensées sur l'éducation* (1693), éd. Ruth W. Grant and Nathan Tarcov, Indianapolis, Hacket Publishing Co, Inc., 1996.

Malthus, Thomas Robert,
-*Essai sur le principe de population*, Londres, éd. John Murray, 1826.

Marcuse, Herbert,
-*Raison et révolution. Hegel et la naissance de la théorie sociale* (1939), Paris, éd. de Minuit, 1968.
-*L'homme unidimensionnel. Essai sur l'idéologie de la société industrielle avancée*, Paris, éd. de Minuit, 1968.

Mopuku Mofolo, Thomas,
-*Chaka: une épopée bantoue*, Paris, éd. Gallimard, 1981.

N'Diaye, Tidiane,
-*L'Empire de Chaka Zoulou*, Paris, éd. L'Harmattan, 2000.

Obenga, Théophile,
-*La Philosophie africaine de l'ère pharaonique,* de 2770 à 330 av. J.C, Paris, éd. L'Harmattan, 1990.

Ptahhotep,
-*Maximes*, XXIVe siècle av. J-C.

Platon,
-*La République* (De la justice), Paris, éd. Flammarion, 1996.
-*Le Banquet* (De l'amour), Paris, éd. Flammarion, 1964.

-*Théétète* (De la science), Paris, éd. Les Belles Lettres, 1970.
-*Parménide* (Des Idées), Paris, éd. Gallimard, 1950.
-*Phédon* (De l'âme), Œuvres complètes, Paris, éd. Les Belles Lettes, 1970.

Pindare,
Olympiques. Pour héron d'Acragas, à l'occasion des Théoxénites, III, Ve siècle av. J.-C.

Paligot, Caroline Raynaud,
-*La République raciale. Paradigme racial et idéologie républicaine (1860- 1930)*, Paris, éd. PUF, 2006.

Piankhy, Kahm,
-« *L'esclavage des noirs en terre d'islam* », en ligne, 2008.

Quillet, Pierre,
« Hegel et l'Afrique », in *Ethiopiques*, numéro 6, revue socialiste de culture négro-africaine, Dakar, 1976.

Roumain, Jacques,
-*Gouverneurs de la Rosée*, Port-au-Prince, Imprimerie de l'État, 1944.
-*Bois D'Ébène*, Port-au-Prince, Imprimerie Deschamps, 1945.

Senghor, Léopold Sédar,
-*Prière des tirailleurs sénégalais*, Paris, 1940.
-*Au Guélowar*, Amiens, 1940.
-« Défense de l'Afrique noire, 1er mai 1945 », in *Esprit*, Paris, juillet 1945.
-*Chants d'Ombre et Hosties Noires*, Paris, éd. du Seuil, 1945-1948.
-« Intervention au Conseil de l'Europe », in *Paris-Dakar*, 5163, 9,1, 1953.

-« Il faut rétablir l'Union », in *Paris-Dakar*, 5859, 13,3, 1955.
-« Confédération et fédération », in *Condition humaine 170*, 14,4, Paris, 1956.
- « Élégies des saudades », in *Ethiopiques*, Dakar, 1956.
-*Poèmes*, Paris, éd. du Seuil, 1964.
-*Liberté I. Négritude et Humanisme*, Paris, éd. du Seuil, 1964.
-*Prières de Paix*, Œuvres poétiques, Paris, éd. du Seuil, 1990.

Towa, Marcien,
-*Léopold Sédar Senghor : Négritude ou Servitude ?* Yaoundé, éd., Clé, 2011.

Tornielli, Andrea,
-*Pie XII*, trad. Isabelle Rey-Herme, éd. du Jubilé, 2009.

Qu'est-ce que la vertu ? La réponse du *Ménon* de Platon

AKE Patrice Jean
Maître de Conférences en philosophie
UFR-SHS de l'université Félix Houphouët Boigny

Introduction

Désignant dans la pensée politique l'ensemble des qualités morales des gouvernants, orientés vers la recherche du bien commun plutôt que vers l'intérêt personnel et la jouissance du pouvoir, mais aussi qualifiant les aspects excellents du caractère d'une personne, ainsi que les talents et les qualités de son tempérament., ou encore, dévalué dans les temps modernes et utilisé dans le langage courant en des sens souvent très éloignés de celui de la tradition théologique, ou bien plus, d'un côté, sauvegardant l'originalité et l'autonomie de l'effort humain dans sa temporalité, mais de l'autre, par l'importance et le primat donné aux vertus théologales infuses, intériorisant les décisions de faire le bien, prescrites par la loi morale, et de ce fait revalorisant une certaine ascèse, telle est la vertu.

En philosophie, elle apparaît comme une disposition acquise à faire le bien. C'est ce qui ressort de la définition d'Aristote, la plus proche du sens commun. La vertu n'est pas un don naturel, comme l'intelligence ou la beauté, car on peut la perdre, et c'est un mérite de l'avoir. Elle est donc acquise. Parce qu'elle remonte à la philosophie grecque et que Platon en fit la première systématisation, nous nous attèlerons dans une première partie à répondre à la question du *Ménon* « qu'est-ce que la vertu ? ». Il nous faudra dans une notice présenter l'argument du *Ménon.* Ce texte de Platon sur lequel nous allons travailler est celui des *Œuvres complètes*, tome III, 2e partie, *Gorgias, Ménon*, texte établi par Alfred Croiset avec la collaboration de Louis Bodin, paru aux éditions Belles à Paris, en 1960.

En analysant ensuite cette notion selon la diérèse platonicienne, nous montrerons que du point de vue de la logique, la réponse est asthénique, c'est-à-dire que nous n'arriverons pas à une définition satisfaisante. Ne nous faudrait-il pas recourir alors à la notion grecque de la vertu (**hê arétê**), pour bien cerner le concept, au sens de le saisir en l'entourant, selon la notion de concept du point de vue allemand (**Das Begriff**), qui vient de **bei**, **greifen** (saisir en entourant) ?

1) L'argument du *Ménon*

Selon nos commentateurs[247], Croiset et Bodin, c'est encore de la vertu qu'il est question dans le *Ménon*,

---

[247] PLATON.- *Œuvres Complètes*, Tome III- 2è partie, *Gorgias – Ménon*, Texte établi par Alfred Croiset et Louis Bodin, (Paris, Belles Lettres 1960), p. 227ss

comme dans le *Protagoras* et le *Gorgias*. La question principale est la suivante : la vertu s'enseigne-t-elle ou non ? Le problème est ainsi posé dès le début avec netteté et la discussion va s'engager presque sans préambule. Par la nature du problème examiné, le *Ménon* se rapproche donc des deux dialogues précédents ; ce serait pourtant une erreur de croire qu'il reprenne simplement la même question sous une autre forme : en réalité, il y introduit des idées nouvelles fort importantes et il ouvre dans ses dernières pages des perspectives qui vont loin dans la philosophie platonicienne. Beaucoup plus bref que les deux autres, moins riche d'épisodes et de caractères, il a d'ailleurs dans sa simplicité de structure un grand charme littéraire. Un dialogue platonicien met en scène différents personnages et le *Ménon* n'en fait pas exception.

Ils sont au nombre de quatre : Socrate et *Ménon* d'abord, qui tiennent les deux rôles essentiels, ensuite deux comparses : un esclave de *Ménon*, qui sert de sujet d'expérience psychologique pendant quelques instants, puis Anytos, le célèbre accusateur de Socrate, qui ne paraît que peu de temps vers la fin.

Ménon est un Thessalien de Larisse, élève et ami de Gorgias, dont il a fait la connaissance durant le séjour du grand rhéteur en Thessalie. Suivant des témoignages postérieurs il aurait lui-même été sophiste. Cela ne ressort pas du dialogue platonicien, où il semble plutôt un amateur riche, qui voyage avec de nombreux serviteurs, et qui cultive la science, en particulier la géométrie, par goût plus que par métier. Il vient d'arriver à Athènes, et désire connaître l'opinion de Socrate sur la question souvent débattue, si la vertu peut s'enseigner. Ce n'est pas l'avis de son maître Gorgias, qui se moque, dit-il, des sophistes lorsqu'ils ont la prétention d'enseigner la vertu, et qui se donne lui-même uniquement pour un maître de rhétorique[248]. *Ménon* croit savoir ce que c'est que la vertu quand Socrate le lui demande, mais il en parle comme tout le monde, non en savant qui l'enseigne, et il n'a pas l'infatuation que Platon prête habituellement aux sophistes. À l'égard de Socrate, il est déférent, et Socrate à son tour le traite en ami, non en adversaire. Il a cette qualité qui est, aux yeux de Socrate, la qualité philosophique primordiale, l'inquiétude de savoir : à la fin du dialogue, il est tout près d'être un disciple, et il n'a jamais été un adversaire.

Quant à Socrate, il est d'abord le dialecticien minutieux, impitoyable, qu'il est partout et toujours dans la recherche des idées fausses ou l'éclaircissement des idées confuses. Mais en outre, comme nous le verrons plus haut, il apparaît ici sous les traits plus platoniciens que dans les dialogues « socratiques ».

Ne parlons pas de l'esclave, qui n'a pas de caractère propre. Reste Anytos. Bien que celui-ci ne figure que dans quelques pages, sa physionomie est très vivante et dramatique. Il est présenté comme lié avec *Ménon* par des relations héréditaires d'hospitalité. C'est cependant par hasard, semble-t-il, qu'il se trouve présent à l'entretien et sa présence n'est signalée que vers la fin. Homme politique influent, il était naturellement désigné pour être l'interprète de la doctrine qui voit les véritables maîtres de la vertu dans le peuple, et spécialement dans le parti des « honnêtes gens », représentés par les chefs du peuple, les hommes d'État. Son portrait n'est qu'une esquisse, mais vivante, vraie, et très dramatique. Ses brèves réponses, tranchantes et dédaigneuses, trahissent à la fois la certitude

---

[248] *Ménon* 95 c

du fanatique et la haine de l'homme d'action pour les remueurs d'idées. Il exècre tous les sophistes, parmi lesquels il range visiblement Socrate. Il ne se borne pas à les haïr en théorie : il les menace, et ses avertissements à mots couverts rendent un son tragique, par l'évocation anticipée de ce fait réel, la condamnation du philosophe coupable de ne pas penser comme tout le monde. Nous allons à présent rentrer dans la discussion, en l'analysant du point de vue de la logique, selon la diérèse platonicienne.

2) qu'est-ce que la vertu d'après le *Ménon* de Platon

Le procédé que donne Platon pour fixer le sens de la vertu, c'est-à-dire pour aboutir à cette définition universelle à laquelle visait l'enseignement de Socrate, c'est la division ou diérèse[249]. Platon divise la vertu en deux parties : la vertu de l'homme et celle de la femme. La vertu d'un homme consiste à être capable d'administrer les affaires de la cité et, ce faisant, d'assurer le bien de ses amis, le mal de ses ennemis, en se gardant soi-même de tout mal[250]. Quant à la vertu de la femme, elle consiste d'abord à bien administrer sa maison pour l'entretenir en bon état, ensuite à obéir à son mari[251]. Pour pouvoir préciser le concept de vertu, S, « qu'est-ce que la vertu ? », il faut partir d'un concept beaucoup plus large, A « la vertu : c'est administrer les affaires de la cité », et

---

[249] BLANCHÉ(Robert).- *La logique et son histoire, d'Aristote à Russell* (Paris, Armand Collin 1970), p. 23.
[250] *Ménon* 71 e.
[251] *Ibid.*

descendre dans la hiérarchie des genres et des espèces, le partager de façon plus pertinente en deux concepts plus restreints B « Bien administrer les affaires de la cité : c'est les administrer sagement et justement[252] » et non-B « ne pas l'administrer sagement et justement », mutuellement exclusifs et collectivement exhaustifs. Le concept B, à son tour, sera subdivisé : « administrer sagement et justement : c'est le faire avec sagesse et justice[253] ». En mettant alors le concept en question S « qu'est-ce que la vertu » ? Dans l'un des deux cases, et par conséquent en l'excluant de l'autre, on aura ainsi mieux délimité son sens. Puis, dans la case retenue, on opérera une nouvelle dichotomie, et ainsi de suite, jusqu'à ce qu'on parvienne à la précision souhaitée. Ici la première définition que nous retenons de la vertu est la suivante : La vertu « *c'est être capable d'administrer les affaires de la cité et ce faisant, d'assurer le bien de ses amis, le mal de ses ennemis, en se gardant soi-même de tout mal, en les administrant sagement et justement.* »

La seconde définition de la vertu c'est « la capacité de commander aux hommes[254] » avec justice, courage, tempérance, sagesse et générosité…

La troisième définition de la vertu, c'est « aimer les belles choses et à être puissant ». Le vertu c'est donc le désir des belles choses joint au pouvoir de se les procurer[255], le désir des belles choses impliquant le désir de celles qui sont bonnes. Ainsi, la vertu consiste à vouloir les belles choses et à pouvoir les atteindre[256]. Par

---

[252] *Ménon* 73 a
[253] 73 b
[254] 73 c
[255] *Ménon* 77 b
[256] *Ménon* 78 b

conséquent, la vertu est essentiellement le pouvoir de se procurer le bien[257], justement et saintement. En effet, l'acquisition doit être accompagnée de justice, de tempérance, de piété… En continuant ainsi, on cerne de plus en plus près la vertu en question ; nous dirions qu'on enrichit progressivement sa compréhension en restreignant progressivement son extension.

Une autre question qui est soulevée dans le *Ménon* est la suivante : la vertu est-elle une chose qui s'enseigne ou bien est-elle un don de la nature[258] ? Si, la vertu est une science, elle peut s'enseigner[259]. Elle est « une des dispositions de l'âme, et une disposition qui ait pour caractère nécessaire d'être utile, elle ne peut être que raison[260]… » Aussi la vertu n'est pas un don de nature. Dans la suite du dialogue, Socrate soutient que la vertu ne s'enseigne pas[261]. Qu'est-ce alors la vertu ? Elle est une opinion vraie[262]. Elle est en outre, un don divin[263]. Elle vient par une faveur divine, sans intervention de l'intelligence[264].

Finalement, nous pouvons à ce niveau de la réflexion faire cette remarque : la définition de la vertu « consiste à mettre dans ses actions, une partie de la vertu[265] ». Car la vertu en général, est reconnue « dans les petits morceau…découpés[266] ». Cette méthode, la diérèse,

---

[257] *Ménon* 78 b- c
[258] *Ménon* 86 d
[259] *Ménon* 87 c
[260] *Ménon* 87 c
[261] *Ménon* 94 e.
[262] *Ménon* 96 d.
[263] *Ménon* 99 b
[264] *Ménon* 99 e
[265] *Ménon* 78 b- c
[266] Ibid.

comme le souligne Evandro Agazzi, Platon « l'a effectivement théorisée", mais « cette méthode n'est pas suffisante… (Il) s'en est rendu compte puisque ce dialogue (sur la vertu reste) sans conclusion tout en montrant une bonne application de la méthode de division[267] ». La conclusion de Socrate est formelle : « Ce qui est sûr, c'est que, malgré tous mes efforts pour (la) découvrir, je n'y suis pas parvenu[268] ».

3) la question « qu'est-ce que ? » au centre de l'interrogation philosophique

Nous ne pouvons pas continuer la discussion sur cette question « qu'est-ce que la vertu ? » avant même de l'avoir convenablement posée. Et le philosophe allemand Martin Heidegger fait remarquer qu'« en ce sens, ce serait légitime, car la philosophie, chaque fois qu'elle commence, se trouve dans une situation défavorable[269] ». Il ajoute qu'il n'en va pas de même pour les sciences auxquelles les représentations, opinions et pensées de tous les jours ménagent constamment passage et accès directs. Car, fait-il remarquer, si l'on tient la représentation quotidienne pour l'unique mesure de toutes choses, alors la philosophie est toujours quelque chose de déplacé.

---

[267] AGAZZI (Evandro).- *La logique et le problème de la rigueur.* In Fondation Singer-Polignac.- *Mérites et limites des méthodes logiques en philosophie.* Colloque organisé par la Fondation Singer-Polignac en Juin 1984, (Paris, Vrin 1986), p. 21

[268] *Ménon* 89 e.

[269] HEIDEGGER (Martin).- *Qu'est-ce qu'une chose ? »,* traduit de l'allemand par Jean Reboul et jacques Taminiaux, (Paris, Tel/Gallimard, 1962), p. 13

Ainsi, poursuit-il, ce déplacement qu'est l'attitude de la pensée ne peut être pris en charge que dans un écartèlement violent. En revanche, selon lui, les cours scientifiques peuvent débuter immédiatement par l'exposé de leur objet. Le niveau d'interrogation qui y est adopté au départ n'y sera plus abandonné, même si les questions gagnent en complexité et en difficulté. La philosophie au contraire opère un déplacement constant de la position et des niveaux. C'est pourquoi il arrive souvent que, pour un temps, on n'y sache où donner de la tête. Ce désarroi est inévitable et souvent salutaire ; mais, pour ne pas l'accroître outre mesure, il est bon de commencer par une réflexion préliminaire sur la locution « qu'est-ce que ? »

« Qu'est-ce que ? » introduit une interrogation philosophique. La question du type « qu'est-ce que la vertu ? » est une question socratique, posée pour démasquer l'illusion de réponse de l'interlocuteur et non réellement pour obtenir une réponse, a priori impossible en raison de la multiplicité des solutions théoriques possibles. À l'interrogativité infinie, Platon substituera la clôture ontologique : la vertu sera bien quelque chose, et l'idée ou l'essence caractérisera de façon nécessaire et suffisante cette vertu, causalement enfermée par une réponse inessentielle comme telle. L'ontologie signifiera la mort de l'interrogativité… Mais revenons encore pour un temps à Socrate : ce qu'est la vertu est donc une question qu'aucune réponse n'est qu'apparence et tout débat sur cette question ne peut être qu'aporétique. Tant de discours sont possibles que la contradiction ne peut être évitée. D'où l'idée que l'on ne peut prétendre savoir ce qu'est la vertu pour s'en prévaloir afin d'exercer du pouvoir au nom de cette connaissance. Qui d'ailleurs a soutenu que de telles questions avaient une réponse, sinon les détenteurs du pouvoir ? Pour Socrate, il semble assez clair que ces problèmes sont voués à rester tels. L'interrogation constitutive du philosophique atteint un point décisif avec Socrate : philosopher ne peut signifier autre chose que questionner puisque répondre n'est qu'apparence. La contradictoirité, loin de régler les problèmes, les pose en les affirmant. Seulement les questions forment la trame, et toute réponse qui ne renverrait pas à son opposé se révélerait par là comme appartenant à l'ordre de l'opinion. La philosophie est bien amour de la sagesse en ce qu'elle est recherche et quête, et non possession.

Contrairement à Socrate, Platon pense que l'on peut répondre à la question « qu'est-ce que la vertu ? » Le déplacement de l'interrogatif à l'ontologique assure cette possibilité : une question « qu'est-ce que la vertu ? » peut trouver réponse parce que ce n'est pas l'interrogativité de la vertu en question qui est affirmée, mais l'être (qu'est-ce que…) de la vertu qui est interrogé et affirmé à la fois dans son apparaître-sous-la-forme-de-la-vertu. L'être est la condition du répondre en ce que le répondre dit l'être. Bien plus, l'être permet d'affirmer la question en ce que celle-ci, renvoyant au champ assertorique, pose l'être comme à déterminer. Ainsi, les contraires, qui révèlent par le bi-pôle la réalité interrogative qui les sous-tend comme possibles, sont davantage, pour Platon, révélateurs de l'ontologique qui les englobe et qui les unifie. Par là, l'ontologique répond effectivement puisque la contradiction est surmontée dans une intelligibilité nouvelle, là où la simple question de contradictoirité constate l'irréductible combat, et partant, le problème.

Avec Aristote, nous savons que la chose « vertu » est. Mais nous recherchons ce qu'elle est : par exemple

« qu'est-ce que la vertu » ? C'est pourquoi quand nous cherchons si une chose est au sens absolu, nous cherchons en réalité s'il y a de cela un moyen terme ou s'il n'y en a pas ; et une fois que nous savons le fait ou que la chose est, et qu'en outre nous rechercherons le pourquoi, ou la nature de la chose, alors nous rechercherons quel est le moyen terme. Et Aristote de conclure : « Le résultat, c'est que dans toutes ces recherches, nous nous demandons soit s'il y a un moyen terme, soit quel est le moyen terme[270] ».

La question « qu'est-ce que la vertu ? » nous conduit à la définition de la vertu, et non d'une vertu parmi d'autres. Il s'est agi de tenir un discours qui exprime la quiddité de la chose « vertu ». Notre méthode a été de rendre cette définition sous la forme d'un discours qui tienne la place du terme « vertu ». Bien entendu, ce discours a pu tenir la place du discours, car certaines choses signifiées par ce discours peuvent aussi être définies. Nous pensons alors que revenir à la généalogie du mot vertu s'avère indispensable et par ce biais comprendre toutes les définitions qui s'y rattachent.

4) approche étymologique du mot « vertu » selon l'étymologie grecque

Selon le *Vocabulaire grec de la philosophie* Ivan Gobry[271], pense que le terme, « **hê arétê** » comme en latin *virtus,* possède un double sens : physique, moral. Il

[270] ARISTOTE.- *Organon* IV. Les seconds analytiques, traduction J. Tricot, (Paris, Vrin, 1987), p. 164

[271] GOBRY (Ivan).- *Le Vocabulaire grec de la philosophie* (Paris, Ellipses, Édition Marketing 2000,), pp. 23-25

signifie d'abord « excellence, valeur[272] », surtout chez Homère, en parlant de l'homme, du guerrier, qualités du corps ; plus tard, il a aussi le sens de « mérite, valeur » en général, avec des emplois particuliers comme gloire, miracles des dieux ; il a aussi été employé comme qualité d'un animal, d'une terre. Pierre Chantraine ajoute que le mot présente une grande importance dans l'histoire de la pensée grecque. Le héros homérique vit et meurt pour incarner un certain idéal, une certaine supériorité que symbolise le mot « **hê arétê** », mais cette vertu va bientôt s'exprimer dans la civilisation communautaire de la polis. Ce mot a quelques dérivés. Certains étymologistes le font dériver de **arês** qui, nom propre, est le dieu de la guerre (le Mars des Latins) et, nom commun, est le combat et le courage. La racine **ar** a donné **haristos** (vaillant, valeureux), mais aussi **arsên** (mâle, viril et de là, fort, courageux) ; et sans doute **archô** (commander, détenir la puissance) ; et **arô** (semer, féconder) (de là instruments aratoires). La vertu est donc, au sens moral, la force de l'âme tendue vers le bien.

Comme l'a souligné Aristote, la vertu n'est pas une suite ou une répétition d'actes, quoique l'action soit la marque d'un sujet moral. Elle est « une disposition (**héxis**) acquise volontairement[273] ». Entendez par là que, d'une part, en tant qu'acquise, elle n'est pas le fruit de bonnes dispositions naturelles, mais d'un effort : et, en tant que disposition, elle est l'état d'un sujet qui est continûment disposé à agir moralement.

Les Ioniens n'étaient pas préoccupés par le thème de la vertu. Il est au contraire très développé chez les

---

[272] CHANTRAINE (Pierre).- *Dictionnaire étymologique de la langue grecque. Histoire des mots* (Paris, Éditions Klinsieck 2000)
[273] *Éth. Nic.* II, VI, 15

pythagoriciens. Selon Pythagore, elle est harmonie de l'âme comme la santé est l'harmonie du corps[274], et les néo-pythagoriciens Théagès et Métope rédigèrent l'un et l'autre un traité *De la vertu*. Xénophon nous montre Socrate poussant ses disciples à pratiquer la vertu[275], mais plus par son exemple que par son enseignement[276].

Chez Platon[277], la vertu est l'excellence dans la fonction propre. C'est le mérite ou la qualité par quoi l'on excelle. D'où la qualité du corps, en particulier des personnes (force, agilité), la beauté, la santé. C'est aussi la qualité de l'intelligence, de l'âme[278]. Chaque chose, c'est-à-dire chaque objet aussi bien que chaque être vivant, ayant une ou plusieurs fonctions, la vertu consiste dans le fait d'exercer parfaitement cette fonction. Ainsi, la vertu d'un ciseau sera de couper, celle de l'œil de voir et celles de l'homme de savoir, d'être courageux et de pouvoir maîtriser ses désirs. Et la définition de la vertu, comme sa possession, résultera de la connaissance de la nature de l'objet ou du vivant, qu'il s'agisse de l'homme ou de la cité, de la connaissance de sa ou de ses fonctions.

La définition platonicienne de la vertu, comme le souligne l'analyse qu'en donne le livre IV de la *République* (en l'examinant dans la cité, puis dans l'individu[279]), n'est pas exclusivement anthropologique. **Hê arétê** se dit de l'excellence d'une fonction quel que

---

274 D.L. VIII, 33

275 *Mem*, I, VII, I

276 *Ibid.* I, II, 3

277 BRISSON (Luc) et PRADEAU (Jean François).- *Platon* in *Le Vocabulaire des philosophes I. De l'Antiquité à la renaissance* (Paris, Ellipses, Édition Marketing, 2002), pp. 105-107

278 BAILLY (André).- *Dictionnaire Grec-français* (Paris, Hachette 1945)

279 427 e – 444 a

soit le sujet de cette fonction. De la sorte, chaque objet d'une fonction technique a une vertu, comme chaque être vivant. Le terme de « vertu » ne qualifie donc pas seulement l'excellence du caractère ou de la conduite dans les circonstances précises, mais il désigne désormais la perfection d'une activité, quelle qu'elle soit. Il y a là un déplacement et une extension considérables d'un terme que les Grecs restreignaient à la noblesse de la conduite, du caractère (**êthos**), particulièrement dans l'ordre du courage guerrier. L'usage anthropologique et éthique du terme, qui est aussi celui, aujourd'hui, du terme « vertu » est donc abandonné par Platon, au profit d'une signification à la fois plus vaste (toute fonction est susceptible d'être vertueuse) et plus précis : la vertu, c'est la chose bien faite. Si le concept de vertu est ainsi forgé par le moyen du paradigme technique d'un bon usage et d'un bel ouvrage, c'est afin de donner une réponse définitive à une question qui, elle, reste éthique et politique. La question athénienne à laquelle Platon entend répondre est celle de l'amélioration de soi : comment devenir meilleur ?

Si l'on refuse, comme le fait Platon, de déduire la vertu de la naissance ou de la nature, si la richesse ou de bonnes dispositions physiques et psychiques ne suffisent pas à rendre un homme bon et beau (un **kalos kagathos**), alors l'excellence doit être le résultat d'un certain exercice, d'une conduite. Sur quoi la fonder, quel peut être le critère de la vertu, et comment l'acquérir ? À ces questions, qui sont d'ordre éthique et politique, les dialogues donnent toujours une seule et même réponse : c'est la possession d'un savoir qui donne à la vertu son statut. L'excellence éthique est une excellence cognitive, être excellent n'est autre chose que savoir comment l'être. Ce sont là pour partie les effets de la conception technique du concept d'excellence : quelle que soit la fonction ou l'activité considérée, l'excellence repose toujours sur un savoir préalable, qu'il s'agisse de sauver un ami sur un champ de bataille ou de construire une charpente. La vertu n'est rien d'autre que la conséquence d'un certain savoir[280]. C'est ce que Socrate défend contre les Sophistes, ces précepteurs bavards qui prétendaient précisément « enseigner la vertu », de façon à ce que leurs élèves sachent administrer leur maison et gouverner leur cité. Si la vertu suppose un savoir, il sera désormais possible de demander aux Sophistes, comme aux autres professeurs de vertu ce qu'ils enseignent et dispensent pour éventuellement les discréditer[281]. Mais il faut encore leur opposer une définition de l'excellence éthique et politique, en désignant les vertus qui permettent à l'homme d'accomplir parfaitement les fonctions qui sont les siennes. Le principe en est ainsi résumé par Socrate : « La vertu de chaque chose consiste en une ordonnance et une disposition heureuse résultant de l'ordre[282] ».

Des premiers dialogues jusqu'à l'exposé achevé de la *République*, Platon forge la liste des quatre vertus dites « cardinales », qui définissent l'excellence respective des quatre principales dispositions humaines, auxquelles les dialogues se tiendront par la suite. Il s'agit d'abord de la tempérance (**sôphrosunê**), qui est à la fois une capacité à bien juger, un bon sens, et une maîtrise de soi qui prend avant tout la forme d'une maîtrise des plaisirs ; puis du courage (ou virilité, **andreia**), qui est une capacité à juger des dangers redoutables ; et de la sagesse (**sophia**), qui est

[280] *Lac.*, 190a sq.

[281] *Gor.* 520 a - e

[282] *Gor.,* 506 d

l'excellence de la connaissance. Enfin, la justice peut être définie comme cette quatrième vertu qui accompagne l'exercice exclusif, par chacun, de sa fonction propre : elle est la vertu qui signifie le parfait ordonnancement des parties dans un tout : dans l'âme humaine, des trois fonctions psychiques (connaissance, ardeur, désir), et dans la cité, des trois groupes fonctionnels (les dirigeants, les gardiens et les producteurs). On le voit, c'est la réunion des quatre vertus, ou plutôt de ces quatre « parties » de la vertu, qui rendent l'homme et la cité proprement vertueux. Et que l'on puisse ainsi comparer identifier la vertu humaine et la vertu civique n'est guère surprenant lorsqu'on constate que chacune des parties de la vertu est conçue comme un rapport, celui qu'une partie entretient avec le tout dans les limites duquel elle exerce sa fonction. L'excellence éthique est immédiatement politique dans la mesure où elle se réalise par définition dans une communauté. C'est ce sur quoi insiste la *République* lorsqu'elle définit la justice comme le lien qui permet d'harmoniser le différent, d'unifier une multiplicité[283]. Elle l'est encore dans la mesure où, si la vertu est une connaissance, elle doit pouvoir s'enseigner à l'ensemble de la cité. De telle sorte que la politique se trouve investie de la tâche d'améliorer l'ensemble des citoyens, de rendre possible leur avantage[284].

La force de l'argument platonicien, que l'on qualifie parfois d'intellectualiste (savoir ce qui est bien, c'est faire le bien) est d'avoir ordonné la vertu au savoir, de façon à forger un concept d'excellence qui puisse être une norme de conduite et d'évaluation des conduites à la fois stable et susceptible d'être enseignée. Échapper à la vacuité du

[283] IV, 443 c - e
[284] *Mén.* 98 c-100 c

débat d'opinion sur ce qui est bon, juste ou vertueux n'était possible qu'à la condition de pouvoir nommer une conduite vraiment bonne, en instituant une éthique de la vérité. L'éthique et la politique sont des lieux de vérité. Nous nous limiterons dans le cadre de cet article à Platon. Aristote et plus tard les stoïciens ont apporté aussi leur contribution à la notion de vertu. Nous réservons cela pour d'autres études.

Conclusion

Après avoir parlé de la vertu, nous arrivons à la conclusion de cet article à réfléchir sur le personnage de *Ménon* qui a donné son nom au titre de ce dialogue de Platon. Émile Chambry dans une note, écrit dans les *Œuvres complètes,* tome deuxième *Protagoras, Euthydème, Gorgias, Ménéxène, Ménon, Cratyle*[285] que *Ménon*, qui a donné son nom au dialogue, est présenté comme un noble Thessalien, qui voyage avec une nombreuse suite de serviteurs. Il a reçu l'éducation qui convient à un jeune homme noble et riche, et il paraît s'être particulièrement intéressé à la géométrie. Il a suivi dans son pays les leçons de Gorgias, qui est venu finir sa longue vie en Thessalie, et il s'est initié à l'art oratoire, et à la philosophie d'Empédocle. Aussi, étant venu à Athènes. Il n'a pas manqué de voir Socrate, dont la réputation s'est répandue dans tout le monde grec. Il est jeune, il est beau, il est aimé et il a tendance à abuser de ses avantages. C'est de Socrate que nous tenons ces détails ; car *Ménon* lui-même ne laisse point voir qu'il se

[285] (Paris, Librairie Garnier Frères 1936), pp. 353-363

prévaut de sa beauté. Il est au contraire plein de déférence pour Socrate, et il doit lui plaire par le désir qu'il a de s'instruire à son école. Somme toute, il nous apparaît donc dans ce dialogue sous des traits sympathiques.

Tout autre est le portrait que Xénophon a tracé de lui dans l'*Anabase*. « *Ménon* de Thessalie, dit Xénophon, ne cachait point son violent désir des richesses. Il désirait commander pour les accroître ; il voulait être honoré, pour gagner davantage. Il voulait être l'ami des puissants pour être injuste impunément. Pour arriver à son but, le chemin le plus court à ses yeux était le parjure, le mensonge, la fourberie ; la simplicité et la vérité n'étaient pour lui que sottise. Il était visible qu'il n'aimait personne et qu'il dressait des pièges à tous ceux dont il se disait l'ami. Jamais il ne se moquait d'un ennemi ; mais il raillait toujours ceux qui causaient avec lui… Tous ceux qu'il savait parjures et injustes, il les redoutait comme des gens bien armés ; mais il essayait ses manœuvres sur les gens pieux et vrais, qu'il tenait pour pusillanimes[286]… »

Cet être méchant et malfaisant fut mis par son amant Aristippe à la tête des troupes qui rejoignirent à Colosses l'armée que Cyrus le jeune conduisait contre son frère Artaxerxés. Après la bataille de Counaxa et la mort de Cyrus, il fut pris avec les autres généraux grecs dans la tente de Tissapherne ; « mais, dit Xénophon, il ne subit pas le même sort, bien qu'il se fût conduit comme eux. Cependant, après la mort des autres, il n'en fut pas moins puni par le roi et il mourut, non pas comme Cléarque et les autres généraux, lesquels eurent la tête tranchée, ce qui passe pour le genre de mort le plus rapide, mais on dit qu'il vécut encore un an, mutilé comme un malfaiteur. »

---

[286] *Anabase* II, VI, 21-29

D'où vient donc que Platon ait choisi cet homme de moralité douteuse pour lui faire un tel honneur que de donner son nom à un de ses dialogues et de le faire causer avec Socrate sur la vertu, qu'il connaissait si peu ? Athénée[287] prétend que Platon a fait l'éloge de *Ménon* pour contredire Xénophon, et il ajoute que « Platon « décrie les grands hommes d'Athènes et loue *Ménon* qui avait trahi les Grecs[288] ». Ce n'est pas la seule fois que Platon et Xénophon semblent être en contradiction, et il n'est pas invraisemblable qu'il y ait eu entre eux quelque jalousie plus ou moins déguisée.

Résumé

Si Socrate a défini la vertu comme un idéal d'autonomie morale et de rationalité, qui protège de toute atteinte de la part d'autrui et des vicissitudes du hasard, dans cet article, nous soutenons que la vertu selon le *Ménon* de Platon est l'intensité des désirs et la capacité à les satisfaire. La question « qu'est-ce que la vertu », selon la diérèse platonicienne, suit un procédé dont il nous est difficile d'établir une conclusion : elle est asthénique.

Mots clefs

Socrate, Platon *Ménon*, vertu, diérèse.

Abstract

If Socrates defined virtue as an ideal of moral autonomy and rationality, which protects any breach on the part of others and the vicissitudes of random, in this paper, we support that virtue; by following Plato's Meno is the intensity of desire and the ability to satisfy them. The question "What is virtue?" according to the Platonic

[287] (505 B)
[288] (506B)

Diaresis, following a procedure in which it is difficult to draw a conclusion: it is asthenic.

Keys words

Socrates, Plato, Meno, virtue, Platonic Diaresis

Bibliographie

AGAZZI (Evandro).- *La logique et le problème de la rigueur.* In Fondation Singer-Polignac.- *Mérites et limites des méthodes logiques en philosophie.* Colloque organisé par la Fondation Singer-Polignac en juin 1984, (Paris, Vrin 1986)

ARISTOTE.- *Organon* IV. Les seconds analytiques, traduction J. Tricot, (Paris, Vrin, 1987)

BAILLY (André).- *Dictionnaire grec français* (Paris, Hachette 1945)

BLANCHÉ (Robert).- *La logique et son histoire, d'Aristote à Russell* (Paris, Armand Collin 1970)

BRISSON (Luc) et PRADEAU (Jean François).- *Platon* in *Le Vocabulaire des philosophes I. De l'Antiquité à la renaissance* (Paris, Ellipses, Édition Marketing, 2002)

CHANTRAINE (Pierre).- *Dictionnaire étymologique de la langue grecque. Histoire des mots* (Paris, Éditions Klinsieck 2000)

GOBRY (Ivan).- *Le Vocabulaire grec de la philosophie* (Paris, Ellipses, Édition Marketing 2000)

HEIDEGGER (Martin).- *Qu'est-ce qu'une chose ? »,* traduit de l'allemand par Jean Reboul et Jacques Taminiaux, (Paris, Tel/Gallimard, 1962)

PLATON.- *Œuvres complètes,* tome deuxième *Protagoras, Euthydème, Gorgias, Ménéxène, Ménon, Cratyle* (Paris, Librairie Garnier Frères 1936)

PLATON.- *Œuvres Complètes*, Tome III- 2e partie, *Gorgias – Ménon*, Texte établi par Alfred Croiset et Louis Bodin, (Paris, Belles Lettres 1960)

300 millions de dollars
Lutte anti-blanchiment et État de droit

Considérant que la reconnaissance de la dignité inhérente à tous les membres de la famille humaine et de leurs droits égaux et inaliénables constitue le fondement de la liberté, de la justice et de la paix dans le monde (*Déclaration de 1948*, Préambule).

Claude GARRIER
Docteur en Droit – Expert-comptable

Introduction

La lutte contre le blanchiment des fonds de la grande criminalité puis du terrorisme, a été étendue à la répression de toute ouverture de compte, tout investissement immobilier hors des frontières.

Jusqu'à quel point, cette lutte et les législations qui la sous-tendent sont-elles encore en mesure d'atteindre la cible annoncée ?

Si tel n'est pas le cas, car les organisations visées ne sont probablement pas restées inertes devant l'attaque, quelle autre cible est maintenant sous le feu, moins habile à se défendre ?

a. Hypothèse principale

Les principes qui ont fondé le concept d'État de Droit, alors même qu'aucune guerre n'est formellement déclarée, sont abandonnés en particulier :

- La présomption d'innocence,
- Le droit d'être jugé par un tribunal,
- Des règles de procédure qui garantissent les droits de l'accusé.

Les États-Unis se comportent en « État universel »[289] et tente de s'imposer comme tel, refusant notamment les concurrences russe[290] et chinoise[291], subjuguant l'Union européenne.

---

[289] Arnold TOYNBEE, *L'histoire*, Éditions Payot & Rivages, Paris, 1996, p.365 : « En soi, aucun État universel n'a jamais été littéralement universel, au sens où il aurait couvert la surface de la terre, mais dans un sens subjectif qui a son importance, ces États ont été assurément universels parce qu'ils ont été regardés et ressentis comme mondiaux par ceux qui vivaient sous leur régime. […] Cette croyance subjective en l'universalité a toujours été une illusion, mais ce n'est pas une raison pour que nous négligions une réalité subjective vécue par les peuples attachés à cette croyance, ni la puissance des effets considérables que même une illusion peut provoquer. […] Ce ne sont pas des étés, mais des étés de la St Martin qui masquent l'automne et annoncent l'hiver. Ensuite ce sont les produits de minorités dominantes, c'est-à-dire de minorités autrefois créatrices, qui ont perdu leur pouvoir créateur. »

[290] À Varsovie, les 8 et 9 juillet 2016, l'OTAN affirme qu'est illégale l'annexion de la Crimée et que la Russie déstabilise l'est de l'Ukraine ; l'OTAN conteste le renforcement du dispositif militaire russe de la mer de Barents à la Baltique, et de la mer Noire à la Méditerranée orientale. En outre l'OTAN affirme que les États qui en sont membres forment une communauté de valeurs unique en son genre, attachée aux principes de la démocratie, de la liberté individuelle et de l'État de Droit.

La plupart des transferts financiers sont effectués par les groupes multinationaux. Ils échappent à tout contrôle étatique et leur permettent d'amener au plus bas niveau les impôts qu'ils versent, que ce soit à titre d'impôt sur les bénéfices ou sur le chiffre d'affaires.

Les terroristes ne procèdent à aucun transfert « d'argent sale » : ils sont subventionnés par des États, perçoivent des recettes commerciales ou des dons de sympathisants. Il convient plutôt de dire qu'ils « salissent de l'argent propre » en achetant le matériel nécessaire à des actions classées criminelles.

L'époque est passée où le grand banditisme avait été victime d'enquêtes financières. Il s'est construit de nouveaux réseaux.

Les cibles des textes sont donc autres. Il convient de les déterminer.

b. Hypothèses secondaires

L'assassinat sur décision administrative est devenu une règle en États-Unis[292].

---

[291] Après que le ministre chinois des Affaires étrangères Wang Yi ait exprimé l'espoir que les Etats-Unis respectent leurs engagements de ne pas intervenir dans le litige qui oppose divers pays riverains de la mer de Chine (7 juillet 2016), et alors que la marine états-unienne manœuvre dans cette région, l'amiral John Richardson déclare (20 juillet 2016, Reuters) : « La marine US continuera de mener des opérations de routine et en toute légalité partout dans le monde, y compris en mer de Chine méridionale, afin de protéger les droits, les libertés, l'utilisation des espaces maritime et aérien garantis à tous. Cela ne changera pas. »

[292] Jeremy SCAHILL, *Le nouvel art de la guerre* (*Dirty wars*), Lux éditeur, Montréal, 2014. La traduction du titre n'est pas très honnête : l'auteur évoque « des guerres sales » commises par l'États-Unis ; il ne prétend pas continuer les travaux de Carl von *Clausewitz.*

La détermination d'une pénalité suivant des calculs arbitraires, en l'absence de toute culpabilité est exploitée par les pays, telle la France, qui ne disposent pas encore des moyens nécessaires à l'assassinat administratif.

La France fait pression sur ses partenaires européens pour que soit imposée « une union fiscale[293] ».

c. Méthodologie

Les recherches portent exclusivement sur des documents écrits, en se méfiant des textes chargés d'idéologie.

I. Les États-Unis, nation dominante

En 1963, Hannah Arendt écrivait : « il devient tout à fait visible que la communauté atlantique est la dernière chance de survie de la civilisation occidentale ; et parmi les signes qui justifieraient cet espoir, il y a sans doute le fait que, depuis la Seconde Guerre mondiale, les historiens sont plus enclins à considérer le monde occidental comme un tout qu'ils ne l'étaient depuis le XIXe siècle.[294] » S'ensuit que les États-Unis et l'Occident en général, cultivent « un sentiment de supériorité et de pureté morale.[295] »

---

[293] Henrik UNTERWEDDE, « Deux modèles économiques : entre différences et rapprochement », *Diplomatie* n° 82, septembre-octobre 2016, p. 56.

[294] Hannah ARENDT, *Essai sur la révolution*, Gallimard, Paris, 1967, p. 318.

[295] Jean BRIEMONT, « La bonne conscience endort la gauche », *Manière de voir* n° 120, décembre 2011-janvier 2012, p. 26

I.1. La guerre, une nécessité économique

Depuis Franklin D. Roosevelt, les États-Unis ont pris conscience de la nécessité de la guerre pour dynamiser l'économie. Déjà en juin 1939, John M. Keynes, dans un article[296] avait constaté que la préparation de la guerre (il n'imaginait probablement pas celle que la Grande-Bretagne dut livrer à partir de l'année suivante) favorisait au moins partiellement la résorption du chômage.

La guerre mondiale terminée (1939-1945), il y eut la guerre froide (1947-1991) contre l'Union soviétique et presque simultanément fut entreprise une « guerre chaude », celle de Corée (1950-1953). L'effondrement de l'Union soviétique en 1991[297] ouvrit un vide. Les scandales financiers des années 1999 et suivantes déclenchèrent un début de crise économique. Il était urgent de trouver un nouvel ennemi justifiant le vote de budgets d'achats d'armements.

Même le parti républicain hostile aux impôts admettait cette nécessité.

L'attentat commis le 11 septembre 2001 par quinze Saoudiens[298] et quatre autres natifs du Moyen-Orient

---

[296] Dans «Will Rearmement Cure Unemployment?», publié en juin 1939, J. M. Keynes pose la question suivante : « combien d'hommes actuellement au chômage sont capables d'être employés pour les emplois particuliers offerts? » (Keynes, 21 : 530)

[297] Pour Vladimir Putin (Влади́мир Пу́тин), comme pour des millions d'autres personnes, « l'effondrement de l'URSS fut la plus grande catastrophe du XXe siècle. » Notamment, elle priva l'États-Unis d'un motif pour faire voter chaque année de lourds budgets militaires qui soutenaient l'économie nationale.

[298298] Une des contradictions de la politique états-unienne perpétrée par les vassaux, réside dans cette présence de quinze Saoudiens dans les exécutants de l'attentat du 11 septembre 2001. Oussama ben Laden était aussi saoudien. Dans un discours adressé au *Defense Policy*

fournit l'ennemi nécessaire. George W. BUSH mit en place un discours radical, mêlant le vocabulaire de la religion (le Bien et le Mal « comme étant existant "en soi" indépendamment de circonstances historiques »[299]) à celui de l'urgence face à un péril grandissant. En 2004, George W. Bush déclarait : « On ne peut pas être président de ce pays sans croire en Dieu et sans être convaincu que nous formons une seule nation aux ordres de Dieu[300] ». Il est remarquable que l'Organisation État islamique a repris le même discours quoiqu'il ait changé l'ouvrage de référence.

La volonté de domination états-unienne souleva l'hostilité des peuples visés. « Partout où l'État-nation s'est posé en conquérant, il a fait naître une conscience nationale et un désir de souveraineté chez les peuples conquis, ruinant par là toute tentative authentique de créer un empire[301] » et

---

Board en juillet 2002, Laurent Murawiec qualifia l'Arabie saoudite de « source du mal, son principal moteur, le plus dangereux des adversaires » et les Saoudiens d'être présents « à tous les niveaux de la chaîne terroriste, de l'organisation au financement, de l'encadrement de l'infanterie, de l'idéologue au sympathisant » (Jack Shafer, « The PowerPoint That Rocked the Pentagon : The LaRouchie defector who's advising the defense establishment on Saudi Arabia », *Slate*, 7 août 2002).

L'Arabie saoudite est plus que suspectée d'avoir jusqu'à un passé récent financé l'OEI, bien que ce point de vue soit contesté (Badr Al-Rached, « Elle n'est pas liée aux Islamistes », *Al-Araby Al-Jadid*, 18 mai 2016, *Courrier international* n° 1349, 8-14 septembre 20116, p. 12). Cependant, aucune condamnation ne la frappe. Elle est un excellent client des fabricants d'armements, au risque que ces matériels passent aux mains d'ennemis déclarés de « l'Occident ».

[299] Jean BRIEMONT, *op. cit.*, p. 24.

[300] Barbara VICTOR, *La dernière croisade : Les fous de Dieu version américaine*, Paris, Plon, 2004, p. 125.

[301] Hannah ARENDT, « L'impérialisme », *Les origines du totalitarisme*, Quarto Gallimard, Paris, 2002, p. 374.

faisant naître parmi ces peuples, un esprit de résistance nationale.

Au Moyen-Orient tout au moins, les organisations terroristes sont des formes de résistance anti-états-unienne : « après l'invasion états-unienne de 2003, dans la région de Fallouja, « une femme a déclaré, après l'arrestation de son mari à cause de cageots en bois vides qu'ils avaient achetés pour se chauffer, que les États-Unis étaient coupables de terrorisme.[302] »

« Il existe dans le monde arabe, un large courant d'une attitude extrême vis-à-vis de la mondialisation. Il associe la mondialisation à l'anti-américanisation ou à la propagation universelle des idées et des valeurs américaines.[303] »

I.2. Premiers pas d'une législation anti-blanchiment

La lutte contre le blanchiment a été initialement lancée contre les trafiquants de stupéfiants en 1984, aux États-Unis, avec le vote du *Comprehensive Crime and Control Act* : que le titulaire d'un compte, le propriétaire d'un bien soit ou non coupable, n'a plus d'importance ; nulle objection d'ordre constitutionnel ne peut être opposée ; les protections accordées à l'accusé par la procédure pénale ne s'appliquent pas. Il ne s'agit cependant initialement, que d'une mesure policière, permettant la saisie de biens par la voie civile.

---

[302] Deux reporters de *Knight Rider* cités par Howard ZINN, « Pourquoi occupons-nous l'Irak », *Manière de voir* n° 120, décembre 2011-janvier 2012, p. 13.

[303] Makhous MONZER, *Pétrole et développement dans le monde arabe : des révolutions en chaîne*, L'Harmattan, Paris, 2011, p. 207.

Jusqu'à la fin du XXe siècle, surveiller étroitement les mouvements de capitaux était un archaïsme typique d'un régime totalitaire et très éloigné d'un quelconque libéralisme.

En 2001, Milton Friedman, membre de la *Société du Mont-Pèlerin*, est par exemple intervenu directement auprès du président George W. Bush, pour faire avorter l'initiative de l'OCDE – qualifiée de bureaucratie parisienne – contre la concurrence fiscale dommageable : « La concurrence fiscale est un moteur de libéralisation dans l'économie mondiale qui devrait être célébrée plutôt que persécutée. Elle contraint les gouvernements à devenir plus responsables fiscalement », avance-t-il dans un courrier signé avec d'autres économistes[304].

À ce moment, George W. Bush et son entourage songeaient à mettre fin à la politique anti-blanchiment, respectueux des principes de la libre-entreprise et en particulier de la libre circulation des capitaux. George W. Bush considérait que la concurrence fiscale entre les États les incitait à réduire les prélèvements fiscaux, l'un des objectifs permanents des Républicains.

« Lawrence Lindsey, principal conseiller économique de Bush et futur président du *National Economic Council*, s'était rendu fameux pour ses attaques virulentes contre les lois anti-blanchiment. Dans un article paru en 1999 et intitulé "Viol de l'intimité financière", il affirmait que les rapports que les banques devaient rédiger s'apparentaient à la <<proverbiale aiguille dans la meule de foin", avec un taux de 25.000 rapports pour un seul cas poursuivi et 0,2 %

[304] Mathilde DUPRE et Jean MERCKAERT, « Paradis fiscaux : la souveraineté à l'épreuve de la mobilité », *CERISCOPE Puissance*, 2013, [en ligne], consulté le 08/09/2016, URL : http://ceriscope.sciences-po.fr/puissance/content/part5/paradis-fiscaux-la-souverainete-a-l-epreuve-de-la-mobilite?

de condamnations effectives. Il dénonçait une contradiction évidente entre le IVe Amendement de la Constitution (il interdit les saisies de biens non motivées) et les exigences de la réglementation. Il ajoutait : "Les pratiques actuelles de la lutte contre le blanchiment de l'argent sont exactement le type d'investigations généralisées que les rédacteurs de la Constitution cherchaient justement à empêcher. Quoi qu'il en soit, le principe de la "cause probable" ne semble guère s'accorder avec l'unique cas sur 25.000 dont ont accouché les rapports portant sur les transactions financières.>[305] »

Lorsqu'à son arrivée au pouvoir, l'équipe de Georges W. Bush renforça les rapports de surveillance en y incluant les agents de change, on y vit une « tactique dilatoire classique destinée à affaiblir et même supprimer les mesures en ce domaine[306] », en particulier parce que cette estimation avait été confiée à Dina Lewis, ex-conseillère juridique auprès de la commission sénatoriale sur la banque, présidée par Phil Gramm, l'adversaire le plus farouche de la politique anti-blanchiment[307] .

L'agression du 11 septembre provoqua le renversement de la politique financière états-unienne : masquer l'incapacité des services de sécurité à anticiper l'attaque, imposait non seulement d'agir, mais de s'agiter politiquement. Le front financier apparut comme le plus disponible, et celui qui permettait mes discours les plus belliqueux. Le titre de l'article reprend le montant mythique de la fortune d'Oussama ben Laden, cité par

---

[305] Ibrahim WARDE, *Propagande impériale & guerre financière contre le terrorisme*, AGONE/Le Monde diplomatique, Paris, 2007, p. 99.

[306] Adam Cohen, "Banking On Secrecy", *Time*, October 14, 2001.

[307] Edward ALDEN et Michael PEEL, "US May Ease Stance Over Money Laundering: Coalition is pushing regarding reporting of big cash deposit", *Financial Times*, June 1, 2001.

plusieurs auteurs et prétendus spécialistes du terrorisme, sans la moindre preuve. Il en est probablement ici comme il en fut des armes de destructions massives irakiennes et de la complicité entre Saddam Hussein et Al Qaeda : « l'absence de preuve n'est pas la preuve de l'absence ».

Comme il fallait trouver une cause à l'agression, fut inventée sans la moindre preuve, qu'Oussama ben Laden disposait d'une fortune de 300 millions de dollars qu'il mettait à la disposition de son organisation. Ce mythe sert de titre au présent article. L'imagination n'ayant pas de limite, les montants les plus ahurissants furent énoncés[308].

L'*USA Patriot Act* ratifiée le 26 octobre 2001 engloba donc trafiquants de stupéfiants optimisateurs fiscaux et terroristes dans la même exécration. Il est complété en 2003, par le *Patriot Act II -Domestic Security Enhancement Act-*, qui offre encore davantage de possibilités de surveillance[309].

La nouvelle utilisation des mesures anti-blanchiment, a une signification politique. Elle est une manifestation de l'impérialisme états-unien. « L'impérialisme naquit lorsque la classe dirigeante détentrice des instruments de production capitaliste s'insurgea contre les limitations nationales imposées à son expansion économique. [...] comme elle refusait de renoncer au système capitaliste "dont la loi implique structurellement une croissance économique constante", il lui fallut imposer cette loi à ses

---

[308] L'un des mystérieux exercices d'addition évalue l' « économie de la terreur » à quelques 1.500 milliards de dollars : Loretta Napoleoni, « Money and Terrorism », *Strategic Insight*, avril 2004 ; du même auteur, *Modern Jihad : Tracing the dollars behind the terror networks*, Pluto Press, Londres, 2003.

[309] Barbara VICTOR, *op.cit.*, pp. 62-63.

gouvernements et faire reconnaître l'expansion comme but final de la politique étrangère.[310] »

Cependant, à la fin 2004, le président Bush a accordé une amnistie fiscale (un taux d'imposition de 5,25 % au lieu de 35 %), pour un an, aux multinationales qui souhaitaient rapatrier en États-Unis une partie de leurs profits cachés dans les paradis fiscaux[311].

Les États vassaux des États-Unis[312] furent poussés à adopter des dispositions répressives identiques. L'Union européenne s'empressa d'adopter la première directive dans ce sens, intitulée « directive 91/308/CEE du Conseil, du 10 juin 1991, relative à la prévention de l'utilisation du système financier aux fins du blanchiment de capitaux »

L'UEMOA fit de même onze ans plus tard avec la « Directive N° 07/2002/CM/UEMOA relative à la lutte contre le blanchiment de capitaux dans les États membres de l'UEMOA ».

Quelques personnalités soulignèrent la contradiction entre une politique économique libérale et ces textes, entre eux et les droits de l'homme, particulièrement les deux premiers énoncés par la Déclaration de 1789, la liberté et la propriété.

---

310 Hannah ARENDT, « L'impérialisme », *Les origines du totalitarisme*, *op. cit.*, p. 373.

311 Christian CHAVAGNEUX, « Les paradis fiscaux, piliers du capitalisme », *Alternative économique* n° 252, novembre 2006.

312 Au contraire, le prof. René Courtin voulait *L'Europe de l'Atlantique à l'Oural* (L'Esprit nouveau, Paris, 1963), une Europe autonome, capable de jouer dans la solidarité atlantique, le rôle d'un partenaire authentique, et non d'un satellite (André PHILIP, « Le résistant, l'Européen, le protestant », *Revue d'économie politique n°6*, 1964, p. 1291).

Rien n'y fit. L'arrivée d'un démocrate à la Maison blanche en 2008 ne changea rien. La « guerre planétaire » entreprise par son prédécesseur continua de plus belle.

Barack H. Obama dirige un pays, dont la condition encore florissante, est cependant en recul. « Avec une dette de 16.000 milliards de dollars, les États-Unis[313] n'a plus les moyens de l'hyperpuissance de la fin des années Clinton, quand l'excédent budgétaire était de 240 milliards.[314] » Les guerres d'Afghanistan, d'Irak, de Syrie, celle qui fut initiée par George W. Bush contre le blanchiment des capitaux du terrorisme[315], étendue à tous motifs de blanchiment, coûtent très cher. Comme les deux premières ont conduit à des quasi-défaites, s'est ajoutée au coût, une perte de respectabilité. Obama tente de finir son règne de façon regardable, en faisant adopter par l'Union européenne, le TAFTA (traité transatlantique) comme il fit

---

[313] Depuis 1865, « États-Unis » est devenu un singulier, parce que la victoire des Yankee a modifié la forme de l'État qui, de confédérale, est devenue fédérale. L'auteur tient à respecter l'orthographe nationale des noms propres ; il écrit donc « l'États-Unis » et « l'USA ». *The United States is* a singular noun and takes singular verb forms; for example, we say "*The United States is* in the Western Hemisphere". « It is 1867 and the US is finally emerging as a power in the Pacific » (Stuart Morris, « The Age of Industrialization 1865-1917 – The changing American landscape .», http://media.wix.com/ugd/d3c97e_111c6029406c3bb36c9e700982faab90.pdf) ; *The United States is NOT truly pluralistic because* racial and ethnic categories do not have equal social standing.

[314] Corine LESNES, « La politique étrangère de Barack Obama : la tentation du repli ? », *in* Bertrand BADIE et Dominique VIDAL, *op. cit.*, p. 98.

[315] « La guerre financière a coûté très cher au budget américain et mobilisé de nombreux services gouvernementaux. […] >Mais elle n'a quasiment été soumise à aucune véritable analyse critique. » Ibrahim WARDE, *op. cit.*, p.21.

accepter l'accord de partenariat transpacifique (TPP) signé le 4 février 2016.

Ce serait compenser des quasi-défaites militaires par des succès à la fois commerciaux et institutionnels (imposer de façon insidieuse le droit états-unien à une vaste part de la planète, de redorer l'impérialisme états-unien avec l'approbation des dirigeants que se sont donnés les peuples assujettis).

Il y a contradiction entre cet aspect du modernisme juridique (blanchiment) et des principes fondamentaux de philosophie du droit (État de Droit).

II. Les organisations terroristes

Le mot « terroriste » est apparu en 1793. Il était appliqué à une forme d'État faisant de la violence un moyen de gouvernement et d'élimination de toute opposition.

Aux XIXe et XXe siècles, il a pris progressivement un sens de plus en plus imprécis. « Donner une définition est d'autant plus malaisé que le mot est nettement connoté et charrie une charge émotionnelle certaine. Il est fréquemment instrumentalisé et sert à discréditer des adversaires.[316] »

II.1. Qui est terroriste ?

L'expression « organisation terroriste » est d'une très grande imprécision. Le même groupe peut successivement

[316] Jean-Michel DASQUE, « Qu'est-ce que le terrorisme ? », *Diplomatie*, Les grands dossiers n° 32, avril-mai 2016, pp. 8-9.

être un allié abondamment financé puis, selon les intérêts immédiats des États-Unis en particulier, apparaître sur une liste d'organisations terroristes. Il en a été ainsi des Hmong, montagnards du Laos qui combattirent les organisations communistes du Pathet Lao, de 1962 à 1975. À ce moment, les États-Unis et ses multinationales ayant constaté la victoire des forces communistes trouvèrent plus lucratif de traiter avec le nouveau gouvernement. Les Hmong en firent les frais ; ils survivent tant bien que mal, traqués et massacrés dans l'indifférence générale.

Dans les années 1970, les « moudjahidin » furent armés et équipés par les États-Unis contre l'Armée rouge. L'un de leurs moniteurs était Oussama ben Laden, « agent noir » de la CIA. Après le départ des Soviétiques, il apparut qu'un grand nombre de « moudjahidin » étaient des musulmans qui avaient combattu contre l'athéisme soviétique. Parce qu'ils avaient été des étudiants de la religion, des « talibans » qui voulurent ramener leur pays à la pureté religieuse, ils furent alors classés terroristes.

Les guérilléros de l'Armée de libération du Kosovo ont été taxés de terroristes, y compris par les responsables occidentaux, avant d'être reconnus comme les représentants authentiques du peuple kosovar.

Le même groupe peut être noté « terroriste » par un pays et « allié » par un autre. Il en est ainsi actuellement des Kurdes, terroristes aux yeux du gouvernement du président Erdogan et alliés des États-Unis contre *Daesh*.

Daesh lui-même est pour les « Occidentaux » le parangon du terrorisme, alors qu'il est pour l'Arabie saoudite un combattant contre la pénétration chiite conduite par l'Iran. On en vient presque à oublier son concurrent, *Al-Nosra*, filiale d'*Al-Qaeda* comme *AQMI*[317] en Algérie et au Mali, alors que ce dernier a menacé la France[318].

II.2. Terrorisme moyen-oriental

Stanley HOFFMANN relève que « trois des particularités de l'Amérique poussent à l'étude de sa politique étrangère : le passé de la nation, ses principes et son pragmatisme. Il s'agit de trois aspects de son expérience nationale qui ne sont pas nécessairement appropriés au monde extérieur, car les conditions de cette expérience sont très différentes de celles qui ont régné ailleurs. Pourtant, les Américains n'ont pas cessé de projeter dans leur politique étrangère ces trois facettes de leur expérience : sa composante historique (les leçons tirées de la situation unique de leur pays et les habitudes mentales qui en découlent) ; le mode de pensée américain, la façon de saisir le monde mentalement afin de le juger et de le réformer (une sorte de rationalisation de l'expérience américaine) ; et le mode d'action, la façon de percevoir le monde instrumentalement, c'est-à-dire les outils qui ont façonné le succès de l'expérience américaine.[319] »

Dans le même sens, Hannah ARENDT notait que « [...] non moins réelles sont les conséquences de la contrepartie américaine de l'ignorance du monde, sa propre incapacité à se souvenir que c'est une révolution qui a donné

---

[317] AQMI, Al Qaïda au Maghreb islamique.

[318] Mohamed SIFAOUI, *Al-Qaïda Maghreb islamique – Le groupe terroriste qui menace la France*, Encre d'Orient, Paris, 2010.

[319] Stanley HOFFMANN, *Gulliver empêtré. Essai sur la politique étrangère des États-Unis*, Paris, Seuil, 1971, chapitre II, « Le style de l'Amérique », p. 143.

naissance aux États-Unis et que la république a vu le jour non en raison d'une "nécessité historique" et non par suite d'un développement organique, mais par un acte délibéré : la fondation de la Liberté. [...] La crainte de la Révolution a été le leitmotiv caché de la politique étrangère américaine de l'après-guerre dans ses tentatives désespérées de stabilisation du statu quo, avec pour résultat que la puissance et le prestige américains ont servi à tort ou à raison, pour le soutien de régimes politiques tombés en désuétude et corrompus, devenus depuis longtemps l'objet de la haine et du mépris de ceux-là mêmes qui en dépendaient.[320] »

La monarchie saoudienne que d'aucuns estimeraient faire partie des cibles d'Hannah Arendt, a fort bien su gagner une popularité la mettant à l'abri de ces coups d'État qui font à la fois le deuil et le bonheur d'autres nations. « Le secteur public s'est transformé en un instrument de répartition et de transformation de la rente pétrolière et du revenu national. [...] C'est ainsi que l'État, représenté par le Fonds saoudite du développement industriel, garantit les conditions les plus favorables lors de l'achat d'actions, se charge du financement de la moitié du capital d'entreprises à un taux minime (2,5 % en tant que "paiement pour les services", le profit moyen des firmes de l'industrie de traitement étant de 10 %. La banque publique agricole accorde aux particuliers, des crédits sans intérêt, rembourse la moitié du coût de l'équipement, des engrais, du fourrage et la totalité du coût des pesticides.[321] »

---

[320] Hannah ARENDT, *Essai sur la révolution*, *op. cit.*, pp. 319-320.

[321] Makhous MONZER, *Pétrole et développement dans le monde arabe*, *op. cit.*, p. 127.

Sans vouloir faire le tour de tous les mouvements violents du Moyen-Orient, on rappelle qu'Oussama ben Laden s'est tourné contre les États-Unis, ulcéré par le refus du roi d'Arabie saoudite opposé à sa proposition de mettre ses « moudjahidin » musulmans en position face aux forces irakiennes, en 1990, pour défendre « le pays du Prophète » contre une éventuelle agression. Le roi préféra traiter avec une coalition conduite par les États-Unis, une nation de mécréants.

Le commandement militaire de l'Organisation l'État islamique est composé de cadres de l'ex-armée de Saddam Hussein, des officiers baasistes qui, s'ils ont une conscience religieuse, sont sunnites. Ces officiers ont été licenciés après que les États-Unis aient éliminé Saddam Hussein et tout son entourage qui furent remplacés par des dirigeants chiites.

II.3. Renier l'État de Droit

Après la chute du mur de Berlin, sont apparus comme vivant l'État de Droit, ceux de l'Occident. La plupart des autres, y compris des alliés de l'Occident, les monarchies du golfe arabo-persique, sont des « empires » au sens que Blandine Kriegel donne à ce terme[322], bien que celle-ci n'évoque pas la place de l'Empire ottoman dans la construction des États modernes, mais seulement le passé de Rome et celui du Saint-Empire romain germanique.

Les États-Unis qui étaient restés un sanctuaire depuis le départ des dernières « tuniques rouges » anglaises en 1783, furent terriblement traumatisés par la destruction des tours jumelles, le 11 septembre 2001, ce qui le conduisit à

[322] Blandine KRIEGEL, *État de Droit ou empire*, Bayard, Paris, 2002, p. 43.

renoncer à la plupart des principes qui en faisaient un État de Droit.

II.3.1. État de Droit et Empire

Le concept « État de Droit » présenté pour la première fois dans les écrits du théoricien libéral, Robert von Mohl (*Die Polizei-Wissenschaft nach den Grundsätzen des Rechtsstaates*, 1842) et du conservateur F. J. Stahl (*Die philosophie des Rechts*, 3e éd. 1856), est redéfini par le juriste autrichien Hans Kelsen[323] au début du XXe siècle. C'est un « État dans lequel les normes juridiques sont hiérarchisées de telle sorte que sa puissance s'en trouve limitée ». Dans ce modèle, chaque règle tire sa validité de sa conformité aux règles supérieures (au sommet figure la *Grundnorm*, norme fondamentale). Celles-ci étant moins nombreuses que les normes subordonnées, la hiérarchie des normes peut être représentée par l'image d'une « pyramide », à laquelle Hans Kelsen a attaché son nom : « l'ordre juridique n'est pas un système de normes juridiques placées au même rang, mais un édifice à plusieurs étages superposés, une pyramide ou une hiérarchie formée d'un certain nombre d'étages ou couches de normes successives ».

Toute fabrication d'un légisfacteur est certes, texte de droit au sens formel puisque produit selon les normes constitutionnelles, mais non au sens profond. Sous cet angle, le nouveau texte doit être conforme à des principes fondamentaux énoncés au cours des âges, dont plus récents supports sont le *Bill of Rights* britannique de 1689, la Déclaration des Droits de l'homme et du Citoyen

[323] Hans KELSEN, *Théorie pure du droit*, Dalloz, Paris, 1962.

française de 1789, le *Bill of Rights* états-unien entériné le 15 décembre 1791[324], la Déclaration universelle des Droits de l'homme de 1948. « Selon [Nader Fergany], l'indicateur du développement humain (IDH) ne rend pas compte de toute la richesse de la notion de développement humain qui est indissociable de la liberté humaine. Le développement humain consiste à élargir les capacités et les choix et à renforcer les libertés sans lesquelles on ne peut créer des capacités ni exercer des choix.[325] »

La corruption et le détournement de fonds publics sont des plaies allant à l'encontre de l'État de Droit.

Mais parmi les moyens mis en œuvre contre ces pratiques, il en est qui sont incompatibles avec l'État de Droit.

Préférer l'État de Droit, c'est renoncer à la doctrine qui a accompagné la prédominance des empires en Europe. Au contraire, par une sorte d'existentialisme juridique, le seul fait de la hiérarchie des normes dans un État suffit à asseoir sa légitimité juridique[326].

Ce raisonnement biaisé conduit à confondre État de Droit et empire, à confondre République et Léviathan.

II.3.2. Nouveau paradigme politique

Le 20 septembre 2001, George W. Bush attribuait une dimension planétaire à sa guerre contre le terrorisme : « This is not, however, just America's fight. And what is at stake

---

[324] Il avait été notamment précédé par une déclaration des droits du Nevada, formant les premiers articles de la constitution de cet État.
[325] Makhous MONZER, *op. cit.*, p. 133.
[326] Blandine KRIEGEL, *op. cit.*, p. 197.

is not just America's freedom. This is the world's fight. This is civilization's fight.[327] »

La « guerre planétaire » décidée par George W. Bush et son entourage institue un nouveau paradigme. Il n'est plus question du mythique « contrat social »[328] de Jean-Jacques Rousseau, moins encore de la « paix perpétuelle d'Emmanuel Kant ; nous sommes soumis au *Léviathan* de Thomas Hobbes. Son *Léviathan* « n'était que le strict "calcul des conséquences" découlant de l'essor d'une classe nouvelle dans une société fondamentalement liée à la propriété conçue comme élément dynamique générateur d'une propriété toujours nouvelle.[329] » En sortirent deux effets, l'un interne à la société, l'autre dans les relations entre les États.

Au plan interne, Hobbes « devina que [le] nouveau type humain devrait nécessairement idolâtrer le pouvoir lui-même, qu'il se flatterait d'être traité d'animal assoiffé de pouvoir, alors qu'en fait la société le contraindrait à se démettre de toutes ses forces naturelles, vertus et vices, pour

---

[327] « Ce n'est pas, cependant, seulement Une guerre de l'Amérique. Et ce qui est en jeu ne se limite pas à la liberté de l'Amérique. C'est une guerre mondiale. C'est la guerre de la civilisation. »

[328] Aucun "contrat social" n'a été trouvé par les archéologues. Le texte le plus ancien, le code d'Hammourabi a été concédé à son peuple par un prince. Il en est de même des dispositions de droit imposées par Moshe aux hébreux, supposées dictées par le dieu. Les dispositions inscrites dans le Coran plus de deux millénaires plus tard, relèvent de la même logique. Il en est encore de même de la prétendue « constitution européenne » (traité de Lisbonne, 2007) décidée par un ensemble de princes héréditaires (le roi des Belges, la reine du Danemark, etc.) ou élus (le président de la République de Bulgarie, de la République tchèque, etc.). Il apparaît donc historiquement qu'un « peuple » est un ensemble d'hommes qui font allégeance à un même prince et se soumettent à ses ordres.

[329] Hannah ARENDT, « L'impérialisme », *op. cit.*, p. 397.

faire de lui ce pauvre type qui n'a même pas le droit de s'élever contre la tyrannie et qui, loin de lutter pour le pouvoir, se soumet à n'importe quel gouvernement en place et ne bronche même pas quand son meilleur ami tombe, victime innocente, sous le coup d'une incompréhensible *raison d'État*.[330] » Pour Hobbes, l'autorité politique du gouvernement est supérieure à tout autre pouvoir ou volonté du peuple. « Le pluralisme, la démocratie, la liberté d'expression n'ont de sens que s'ils n'empêchent pas le bon fonctionnement du gouvernement, ce dont celui-ci est en définitive le seul juge.[331] » « Hobbes est fier de reconnaître que le Léviathan se résume en fin de compte à un gouvernement permanent de la tyrannie : "le nom de Tyrannie ne signifie pas autre chose que le nom de Souveraineté…" ; "pour moi, tolérer une haine déclarée de la Tyrannie, c'est tolérer la haine de la République en général…"[332] »

Dans les relations entre États, il apparut que « quand l'accumulation du capital eut atteint ses limites naturelles, nationales, la bourgeoisie comprit que ce serait seulement avec une idéologie selon laquelle "l'expansion, tout est là" et seulement avec un processus d'accumulation du pouvoir correspondant que l'on pourrait remettre le vieux moteur en marche.[333] » Cette proposition conduit à devoir distinguer « bourgeoisie » au sens ancien du terme (fonctionnaire, cadres et techniciens supérieurs, professions libérales individuelles, commerçants, artisans, etc.) de « l'hyperbourgeoisie » (propriétaires et grands dirigeants des

---

[330] Hannah ARENDT, « L'impérialisme », *op. cit.*, p. 399.
[331] Christian NADEAU, Université de Montréal, *L'hyperlien Hobbes-Harper*, Université de Montréal, UQAC, 20 février 2010, PDF.
[332] Hannah ARENDT, « L'impérialisme », *op. cit.*, p. 397.
[333] Hannah ARENDT, « L'impérialisme », *op. cit.*, p. 396.

multinationales, propriétaires des très grands cabinets libéraux, etc.) qui seule a accès au pouvoir d'État, qui participent à « l'intérêt supérieur de la Nation ».

III. Blanchiment

À la suite des États-Unis, l'Organisation des Nations Unies s'est penchée sur les activités de blanchiment de capitaux d'origine criminelle. La Convention des Nations Unies contre la criminalité transnationale, entrée en vigueur le 29 septembre 2003, constitue le premier instrument de droit pénal établissant un cadre universel pour la mise en œuvre d'une coopération policière et judiciaire internationale, relative à la lutte contre le blanchiment et le financement du terrorisme.

Ce qui fut initialement une mesure policière contre la grande criminalité et particulièrement le trafic des stupéfiants pratiqué aux rives sud des États-Unis, en Colombie et au Mexique, a été étendu à la répression d'une multitude de comportements allant de la dissimulation de fonds détournés d'un État à l'optimisation fiscale, voire la simple ouverture d'un compte bancaire ou l'achat d'un immeuble dans un pays étranger.

« À la fin 2005, une déclaration de Callum McCarthy, patron de la Financial Services Authority (FSA), l'agence de régulation financière britannique, a fait sensation: il déclarait disposer d'informations montrant que des groupes issus du crime organisé placent des hommes à eux dans les institutions financières londoniennes afin d'accroître leur connaissance des mécanismes de contrôle interne aux fins de les contourner.[334] »

« Les blanchisseurs ont appris à échapper à la surveillance des banques. Le *smurfing* consiste à disperser l'argent dans plusieurs comptes ou à différentes périodes [...]. Une autre technique consiste à se procurer différents moyens de paiement (chèques, mandats postaux, ordre de virement, etc.) qui sont ensuite rassemblés et déposés sur d'autres comptes.[335] » À nouvelle mesure juridique répond une nouvelle méthode de blanchiment. « Il y a tous les autres [ceux qui savent manœuvrer et avec qui manœuvrer], les trafiquants qui eux, ne se trompent pas en choisissant la banque off-shore ou un établissement installé au cœur d'une importante place financière. Comme le reste, la banque et le pouvoir des banques reposent sur des personnes. [...] Parfois à peine moins honnêtes, pas parce qu'ils le choisissent seuls et dans leur seul intérêt personnel, mais parce qu'ils font ce qui s'est toujours fait, obéissant à des consignes muettes, toujours au service de la banque. Ça aussi, ça se passe au sommet et à la base, et ça fait partie de fonctionnement courant. »[336]

III.1. Transferts « juridiques » transfrontaliers

Alors que les ouvertures de compte, les acquisitions d'immeubles dans un pays étranger sont étroitement contrôlées par les administrations étatiques, que leur

---

[334] Christian CHAVAGNEUX, « Les paradis fiscaux, piliers du capitalisme », op. cit.

[335] Ibrahim WARDE, *op. cit.*, 96.

[336] Roberto SAVIANO, *Extra pure – Voyage dans l'économie de la cocaïne*, Gallimard, Paris, 2013, chap. 11 « Opération blanchiment », p. 294.

déclaration est devenue obligatoire depuis quelques années et que cette obligation est, en fait rétroactive, puis que le fait contesté, est la disposition du compte ou de l'immeuble, non son acquisition, les groupes multinationaux opèrent sur la planète en toute sérénité.

III.2. Transferts « juridiques »

Les entreprises transnationales, qui agissent sous une multitude de régimes juridiques et fiscaux, disposent d'une grande latitude dans l'organisation spatiale de leurs activités.

L'accroissement de la place qu'elles occupent dans l'économie mondiale, s'explique en partie, par leur maîtrise de l'art subtil des transferts internes, notamment d'intangibles[337] et de services[338].

« Les sociétés du CAC 40 sont en moyenne imposées à hauteur de 8% de leurs bénéfices, contre 33 % normalement. Les PME, moins à même d'exploiter les différentes niches fiscales, en reverseraient en moyenne 22 %. […] C'est en vertu du code des impôts que la contribution des grosses entreprises atteint un niveau aussi bas. Malgré le taux élevé de l'impôt sur les sociétés en France, nombre de dispositifs fiscaux, tels le report illimité des pertes, le crédit impôt-recherche ou encore la

---

[337] Terme tiré du *Uniform Commercial Code* américain (Section 9-102(a)(42)) qui vise en particulier : la satisfaction des clients, la bonne préparation des réunions (en interne), colloques, conférences internationales, salons professionnels (en externe), l'augmentation de la fidélité des clients, les compétences des salariés (d'après « Capital immatériel », *Wikipedia.*

[338] BORKOWSKI Susan C., *Transfer Pricing of Intangible Property: Harmony and Discord Across Five Countries*, The International Journal of Accounting, 2001, p. 36.

déductibilité des intérêts d'emprunt, leur permettent en effet de limiter leurs versements.[339] »

« Selon un sondage réalisé par le cabinet d'audit Ernst & Young à la fin 2005, auprès d'un large échantillon de 476 multinationales réparties dans 22 pays, les stratégies de prix de transfert sont au cœur de leurs politiques fiscales pour 77% d'entre elles; 68% (contre 43% en 2000) déclaraient intégrer la stratégie fiscale de prix de transfert dès la phase initiale de conception de leurs produits. Désormais, les départements fiscaux des grandes entreprises sont considérés, à l'instar des départements de gestion de la trésorerie, comme des centres de profit devant créer de la valeur pour l'entreprise. »[340]

Les politiques fiscales privées sont maintenant entre les mains de professionnels de l'impôt, salariés ou consultants extérieurs issus des grands cabinets d'audit, dont les rémunérations sont majoritairement indexées sur les résultats obtenus.

Les multinationales peuvent exploiter à leur avantage les différences de fiscalité, de niveau des rémunérations, notamment en choisissant les localisations de leurs diverses filiales[341]. Des transferts[342] de capitaux et/ou de

---

[339] Marie BARTNIK, « Quand les entreprises du CAC 40 échappent à l'impôt », *Le Figaro. Fr économie*, 19 décembre 2010, http://www.lefigaro.fr/entreprise/2010/12/19/05011-20101219ARTFIG00125-quand-les-entreprises-du-cac-40-echappent-a-l-impot.php

[340] Christian CHAVAGNEUX, « Les paradis fiscaux, piliers du capitalisme », *op. cit.*

[341] Paul H. DEMBINSKI, « Enjeux éthiques des prix de transfert », *in* Association d'économie financière, *Rapport moral sur l'argent dans le monde. La face cachée de la finance : délits financiers, cybercriminalité, finance offshore, fraude fiscale – Les enjeux éthiques*, 2005, p. 229.

marchandises sont opérés entre les sociétés liées, éventuellement sans mouvement réel.

Un peu d'imagination aide à concevoir brevets et *know how* justifiant des transferts de fonds à destination des Pays-Bas suivant l'exemple de *Nescafé*[343].

L'intervention d'experts fiscaux de très haut niveau réduit le risque de redressement. Google et Amazon très présents en France, n'y paient que 2 % de leurs bénéfices[344].

En 1995, l'OCDE a publié les premiers chapitres de la version révisée de ses recommandations[345] dont la première version date de 1979. L'OCDE publie périodiquement des mises à jour. Ce document « donne en substance aux entreprises multinationales, des règles admises par les administrations fiscales, que les entreprises peuvent utiliser sans craindre trop de surprises lors de l'élaboration de leurs prix de transfert[346].

En 2010, l'OCDE a publié « Principes de l'OCDE applicables en matière de prix de transfert à l'intention des

---

342 La notion du transfert est ambiguë, parce qu'elle comporte un hiatus entre, d'un côté, l'aspect juridique qui met face à face deux personnes morales et, de l'autre, l'aspect économique en vertu duquel les deux entités relèvent d'une logique unique ; en cela, le transfert s'oppose à la transaction qui met en relations deux personnes sans relation de dépendance. La situation devient encore plus compliquée quand il s'agit d'un transfert international, c'est-à-dire que chacune des entités est localisée dans un pays différent et, par conséquent, relève de juridictions diverses (Paul H. DEMBINSKI, *Enjeux éthiques des prix de transfert*, *op. cit.*).

343 Nicolas FOURNIER, Edmond LEGRAND, *C... comme combines*, Alain Moreau, Paris, 1975, p. 188.

344 *Alternatives économiques* n° 307, novembre 2011.

345 OCDE, *Transfer Pricing Guidelines for Multinational Enterprises and Tax* Authorities, 1995.

346 D'après Paul H. Dembinski, op. cit., p. 231.

entreprises multinationales et des administrations fiscales ». Cet ouvrage propose des lignes directrices sur l'application du « principe de pleine concurrence » pour la valorisation aux fins fiscales des transactions internationales entre entreprises associées.

Le ministère des Finances français est incapable de s'opposer aux montages juridico-financiers permettant aux groupes multinationaux (GOOGLE, AMAZON, etc.), aux sociétés du CAC40, d'éluder la plus grosse part de l'impôt sur les bénéfices et probablement une bonne part des autres impôts à l'exception de la TVA qui est supportée par les consommateurs pour lesquels elle est presque insensible malgré son poids (20 % en France, au lieu de 8 % en Suisse[347]).

Plus encore (ce qui souligne leur relation avec « l'intérêt supérieur de la Nation »), les États-Unis sont intervenus contre l'Union européenne, au profit d'*Apple* ; celle-ci ayant été condamnée par le Commission européenne à la concurrence qui « incarne le passé » « avec son incompréhension vindicative du commerce mondial et sa conception archaïque de l'État nation »[348], à verser 13 milliards d'euros à l'Irlande à titre de « rattrapage d'impôts ». On rappelle qu'en États-Unis, les bénéfices de sociétés sont taxés à 35 %, alors qu'en Irlande au lieu du taux légal de 12,5 %, *Apple* a été autorisée à ne payer que 1 % sur ses bénéfices en 2003, un

---

[347] Le taux « normal » de la TVA en Suisse, s'élève à 8%. Le taux réduit de 2,5% est perçu sur certains biens d'usage quotidien tels que les denrées alimentaires, les boissons sans alcool, les livres, les journaux, les re7vues, les médicaments et certaines manifestations sportives ou culturelles. Un taux spécial de 3,8% est perçu sur les nuitées à l'hôtel (y c. le petit-déjeuner).

[348] David McWilliams, « Irlande. L'affaire Apple : gagnant-gagnant », *Irish Independent*, 31 août 2016 ; *Courrier international*, 8-14 septembre 2016, p. 18.

taux qui a diminué progressivement jusqu'à 0,005 % 2014, ce que conteste la Commission européenne. Les États-Unis menacent « de surtaxer les entreprises européennes présentes sur son territoire.[349] »

Les Irlandais pensent que s'ils perdent en appel, l'Irlande obtiendra un remboursement de 13 milliards d'euros d'avantages fiscaux. [..] En revanche si l'Irlande gagne en appel, elle perd les 13 milliards d'euros, « mais elle aura un énorme crédit auprès des multinationales et des autorités américaines.[350] »

III.3. Transferts commerciaux

Les transferts commerciaux résultent de contrats de vente entre opérateurs indépendants les uns des autres.

Ça ne signifie pas que tout en est montré aux douanes et au fisc. En particulier lorsqu'une taxe est perçue lors de la sortie d'un pays, il est usuel de ne présenter à la douane qu'une facture minorée qui est complétée par ailleurs, par une « facture de prestations » encaissée non comme la précédente dans une banque du pays de départ, mais dans celle d'un « paradis fiscal » à partir de laquelle est payée une partie de la rémunération de cadres expatriés.

Le même mécanisme peut servir à minorer la facture présentée au pays de destination. Dans ce cas, elle présente l'inconvénient de majorer le montant du bénéfice imposable. La comparaison entre son taux et celui du droit de douane d'entrée permet de déterminer la « bonne solution ».

---

[349] *Le Canard enchaîné*, « Treize milliards pour leur pomme », n° 5002, 7 septembre 2016, p. 1.
[350] David McWilliams, *op. cit.*

III.4. Transferts privés

Cent raisons conduisent à ouvrir un compte à l'étranger sans la moindre intention de fraude :

- Fuir un créancier,
- Vivre ou avoir une activité à l'étranger,
- Procéder à un placement,
- Profiter d'un arbitrage entre monnaie.

Certains de ces mouvements sont appelés « *Hot money* » lorsqu'ils sont motivés par la crainte d'une dévaluation monétaire ou la course vers un taux d'intérêt plus élevé.

IV. Les financements des terrorismes

Contrairement à une doxa sans fondement, jeté à bas par les faits, il n'y a pas, sous l'angle financier, un terrorisme, mais au moins deux :

- Le financement d'une armée de conquête,
- Les fonds nécessaires pour financer des actions ponctuelles.

S'y ajoutent les fonds nécessaires éventuellement pour financer les diverses formes de propagande.

Les États-Uniens parce qu'ils sont attachés à la doctrine de Calvin et de sa prédestination, sont convaincus que la réussite matérielle est la marque du choix de leur dieu. La relation entre vie religieuse et profit financier est des plus étroites. Ils sont du même coup convaincus que les autres peuples, les autres religions relèvent de la même logique ; l'attentat du 11 septembre 2001, dans leur mentalité, fut donc une affaire d'argent, de beaucoup d'argent ; de même, les attentats qui ont précédé (7 août 1998, contre l'ambassade de Nairobi au Kenya et à Dar es-Salaam en Tanzanie) et suivi n'ont pu être commis que par des gens qui en ont tiré un gros profit financier.

Une passion religieuse ou politique[351], le désir de mettre fin à l'ennui d'une petite vie bourgeoise[352], le mépris subi de façon telle qu'il ne peut qu'être « lavé dans le sang », sont des moteurs très puissants, plus puissants peut-être pour certaines personnes que le lucre ; ce qui échappe à la logique états-unienne. Ce que le chef d'état-major général Pierre de Villiers souligne : « Une stratégie basée sur les seuls effets militaires, ne pourra jamais agir sur les racines de la violence quand celles-ci s'ancrent dans le manque d'espoir, d'éducation, de justice, de développement, de gouvernance, de considération.[353] »

---

[351] De 1936 à 1939, l'engagement des « brigades internationales » aux côtés des Républicains espagnols, contre les fascistes du général Franco ; à partir de mars 1943, des Français s'engagent dans la « brigade Frankreich » pour combattre sur le front de l'est contre les Communistes ; à partir de 1946, des hommes s'engagent dans l'armée française pour combattre « pour l'Occident chrétien contre le communisme athée » en Indochine, etc.

[352] Jesse Glenn GRAY, *Au combat – Réflexions sur les hommes à la guerre*, Tallandier, Paris, 2012, pp. 71-72, p. 270 : « J'avoue qu'au temps de mon adolescence et de ma jeunesse, [...] j'appelais de mes vœux une guerre à laquelle il me fut donné de participer. [...] je ne peux nier qu'il occupait une place importante dans les aspirations de ma jeunesse. Et je n'ai pas de raison de croire que mon cas est unique ou singulier. »

[353] Claude ANGELI, « Le chef d'état-major des armées contredit Hollande », *Le Canard enchaîné* n° 5003, 14 septembre 2016, p. 3.

IV.1. Financer une armée pour conquérir un territoire

Daesh entretient une armée estimée à plus de 30.000 hommes. Les armer, les nourrir, leur verser une solde, leur fournir véhicules et carburant demande beaucoup d'argent.

La vente de femmes aux enchères les femmes yézidis ou chrétiennes en 2014[354], celle d'antiquités de Palmyre et autres lieux historiques, l'exportation de pétrole sur un « marché clandestin » (jusqu'à un passé récent, avec la complicité de la Turquie), les taxes prélevées sur les populations qu'il a assujetties, fournissent à *Daesh* l'essentiel de ses besoins. À cela s'ajoutent, semble-t-il, des subventions versées par le Qatar et l'Arabie saoudite.

Daesh a créé sa propre monnaie. Ses recettes et ses paiements passent par des circuits que le GAFI (Groupe d'action financière) ignore.

À l'exception des ventes de femmes, rien de plus « noir » que les prédations des autres États.

Le Qatar et l'Arabie saoudite ont acheté des avions de combat Rafale. Il serait regrettable qu'une partie en soit remise à *Daesh* pour appuyer son combat contre le Hamas, le Hezbollah et autres forces à la disposition de l'Iran. Ces avions se retrouveraient face à ceux de la coalition, particulièrement aux Rafales français.

On se retrouverait, un demi-siècle plus tard, comme lors de la « guerre des Six Jours » où des chars AMX30 israéliens avaient tiré sur leurs frères égyptiens.

---

[354] Jean-Baptiste LE ROUX, « Quand l'État islamique vend des femmes aux enchères », 11 novembre 2014.
http://www.economiematin.fr/news-etat-islamique-esclave-vente-femmes

IV.2. Financer des actions terroristes ponctuelles

Ces actions n'ont qu'un coût minime finançable sur l'épargne de l'intervenant, voire avec l'aide de quelques sympathisants[355], éventuellement aucun (Nice, 14 juillet 2016) : le camion d'un employeur, voire un véhicule volé.

IV.3. Financer la propagande

Le coût est également mince et à la portée d'une épargne personnelle, voire d'une quête locale[356].

IV.3.1. Internet

Construire un site ne nécessite que le savoir-faire qu'un sympathisant ; pour produire des vidéos, un appareil photo de très bonne qualité suffit.

Ouvrir des boites dans des « réseaux sociaux » ne coûte rien. L'art de la communication est connu de millions de personnes.

IV.3.2. Prédicateurs des mosquées et prisons

On sait que les prisons ont permis à de petits délinquants endoctrinés par d'autres détenus dans l'indifférence des gardiens de devenir djihadistes, que ce soit pour commettre un acte terroriste en Europe ou partir combattre en Syrie.

---

[355] C. GARRIER, « Liberté et sécurité », *Cahiers de l'I.R.E.A.* n° 1, mars 2016.

[356] C. GARRIER, « Liberté et sécurité », *op. cit.*

Quant à certaines mosquées, leurs prédicateurs bénéficient du droit à la liberté d'expression pour endoctriner de futurs combattants du djihad.

V. Répression des blanchiments et lutte contre le terrorisme islamique jettent à bas les fondements de l'État de Droit

V.1. Amalgame

Une première directive européenne (91/308/CEE) mit en place dans les pays européens un système de prévention avec l'obligation d'identification formelle des clients et avec un devoir fait aux institutions financières de déclaration aux autorités en cas de soupçon.

La troisième directive de la Commission européenne présente la particularité de traiter en un seul texte la problématique de la lutte contre le blanchiment d'argent et celle du financement du terrorisme. Le législateur doit employer l'expression « le blanchiment ou le financement du terrorisme » au lieu de simplement « le blanchiment ».

Dans un commentaire qui fait suite à la suite de la 3e directive publiée en 2005, Michel Barnier affirme : « L'Union européenne est à la pointe des efforts déployés au niveau international pour combattre le blanchiment des produits du crime ». On peut supposer qu'il vise alors les trafics de stupéfiants, d'armes, de femmes.

« La Commission européenne motive sa démarche par sa volonté d'adapter le cadre réglementaire à l'évolution continuelle des périls liés au blanchiment de capitaux et au financement du terrorisme, la situation étant "d'autant plus changeante que la technologie et les moyens à la disposition des criminels évoluent constamment", comme on le lit dans la proposition de directive.[357] »

Michel Barnier ajoute : « Outre l'approche pénale, un effort de prévention au niveau du système financier peut produire des résultats. Notre objectif est de proposer des règles claires, qui renforcent la vigilance de tous les professionnels concernés (banquiers, juristes, comptables, etc.) »

La Commissaire en charge, Cecilia Malmström, a souligné la nécessité de « ne laisser subsister aucun vide juridique dont pourraient profiter la criminalité organisée ou le terrorisme. »

En 2010, le Groupe d'action financière (GAFI) a lancé sa réflexion sur de nouvelles normes internationales qu'il a finalement adoptées en février 2012, qui visent à « l'amélioration de la transparence afin d'éviter que les criminels et les terroristes ne dissimulent leur identité et leurs biens derrière les personnes morales et constructions juridiques ».

Jusque-là, on ne peut qu'approuver, mais le même texte ajoute que le GAFI veut « l'élargissement du champ des infractions sous-jacentes au blanchiment de capitaux aux infractions fiscales pénales ».

Ce texte comme tous ceux de la même famille amalgame des faits juridiquement distincts, les uns de nature criminelle, les autres au pire de nature correctionnelle.

Pire, sont incorporées dans ce second groupe, toutes les ouvertures de comptes bancaires à l'étranger, toutes acquisitions de biens hors des frontières.

---

[357] http://www.europaforum.public.lu/fr/actualites/2013/02/comm-blanchiment/index.html

Lorsque l'article 3 de la Déclaration de 1948 déclare : « Tout individu a droit à la vie, à la liberté et à la sûreté de sa personne », cette liberté se limite-t-elle à aller et venir, ou intègre-t-elle celle de posséder ce qui lui convient où cela lui convient, en bref, le droit de propriété, second des droits sacrés de la Déclaration de 1789, rappelée dans le préambule de la Constitution française de 1958 ?

Un pays aussi libéral que le Grand-Duché du Luxembourg adopte une première loi, le 5 avril 1993 relative au secteur financier. Il en adopte une seconde, le 27 octobre 2004 transposant la deuxième directive anti-blanchiment (directive 2001/97/CE du Parlement européen et du Conseil). Sur base de recommandations faites par le *Groupement d'Action Financière* (*GAFI*), le Luxembourg procède à une mise à jour fondamentale de sa législation en la matière en adoptant trois lois en date du 27 octobre 2010 qui ont, entre autres, étendu la définition de l'infraction de blanchiment, et un règlement grand-ducal le 29 octobre 2010.

En France, les dépenses publiques[358] ne sont plus déterminées en fonction des recettes fiscales probables, mais des « recettes de poches » dont celles qui résultent de la prédation de personnes qui ont la faiblesse de rapporter leur épargne. Le contraire reste manifestement la règle en Allemagne où le budget de 2015 et de 2016 affiche un

[358] Réduire les dépenses de l'État, ce n'est pas les transférer aux départements et aux communes, ce que fait l'État français depuis près de vingt ans. C'est par exemple, mettre fin au statut des fonctionnaires qui en fait des propriétaires de leur emploi, des « privilégiés » comme le déclara Raymond Barre. C'est éliminés ceux dont le rôle excède les fonctions régaliennes de l'État, la Défense, la Sécurité intérieure, la représentation internationales et la Justice. Non pour les remplacer par une sous-traitance à des officines privées, mais laisser aux citoyens le soin de différencier l'utile de l'inutile.

excédent de recettes qui incite des politiques à demander la réduction des impôts.

L'adage « trop d'impôt tue d'impôt » n'a plus cours : le taux de l'impôt peut s'enfler sans limites pour les « petits contribuables » (divers procédés légaux abritent les autres : « bouclier fiscal » pour les particuliers, « niches » diverses pour les sociétés les plus grosses, etc.).

Cet amalgame permet de contourner l'obligation inscrite dans l'article 4 du « Pacte international relatif aux droits économiques, sociaux et culturels »[359] qui ne permet que des limitations des droits individuels que pour « favoriser le bien-être général dans une société démocratique. »

Au contraire, rien ne limite les pouvoirs totalitaires du *Léviathan.*

V.2. Abandon des principes du droit

Les principes les plus élémentaires du droit pénal sont bafoués, ce qui exclut « un esprit de fraternité » souhaité par l'article 1er de la Déclaration de 1948.

L'article 10 de la Déclaration de 1948 est clair : « Toute personne a droit, en pleine égalité, à ce que sa cause soit entendue équitablement et publiquement par un tribunal indépendant et impartial, qui décidera, soit de ses droits et obligations, soit du bien-fondé de toute accusation en matière pénale dirigée contre elle. » Cette

---

[359] Pacte international relatif aux droits économiques, sociaux et culturels, article 4 : « Les États parties au présent pacte reconnaissent que, dans la jouissance des droits assurés par l'État conformément au présent Pacte, l'État ne peut soumettre ces droits qu'aux limitations établies par la loi, dans la seule mesure compatible avec la nature de ces droits et exclusivement en vue de favoriser le bien-être général dans une société démocratique. »

disposition exclut d'être astreint à une confession devant un service administratif.

V.2.1. Prescription

Alors qu'en France, la prescription fiscale est de trois ans outre l'année en cours, la mise en application des directives anti-blanchiment porte la prescription à dix ans pour toute ouverture d'un compte à l'étranger, durée de la prescription criminelle.

Cependant, si le contribuable découvre que l'administration lui a abusivement prélevé un impôt indu, parce qu'il réside à l'étranger, et en réclame le remboursement, lui est opposée la prescription de droit commun de trois ans.

V.2.2. Présomption d'innocence

La Déclaration de 1948 (article 11, alinéa 1er) va plus loin : « Toute personne accusée d'un acte délictueux est présumée innocente jusqu'à ce que sa culpabilité ait été légalement établie au cours d'un procès public où toutes les garanties nécessaires à sa défense lui auront été assurées. »

On retrouve la même formule dans l'article 14, § 2 du « International Covenant on Civil and Political Rights. adopted by the General Assembly of the United Nations on 19 December 1966 »[360].

Au contraire, dans la solution qu'impose l'actuel droit français, la présomption d'innocence est exclue. Celui qui

[360] Article 14, § 2: « Toute personne accusée d'une infraction pénale est présumée innocente jus
qu'à ce que sa culpabilité ait été légalement établie »

veut rapporter en France des fonds déposés pour une raison quelconque à l'étranger doit venir confesser ses activités de façon détaillées non devant une juridiction, mais un service administratif.

La présence d'un conseil est admise.

V.2.3. Procédure

Rudolf von Jhering défendit le formalisme présent au sein de l'organisation et du fonctionnement de la justice, car il le concevait comme un principe protecteur des droits des justiciables. Pour Jhering, ce formalisme était un principe essentiel : « Ennemie jurée de l'arbitraire, la forme est la sœur jumelle de la liberté », affirmation reprise par Lénine : « La procédure est sœur jumelle de la Liberté. »

L'article 14, § 1 du « « International Covenant on Civil and Political Rights » précise *in limine* (et cette mention concerne aussi bien la justice civile que la justice répressive: « Tous sont égaux devant les tribunaux et les cours de justice. *Toute personne a droit à ce que sa cause soit entendue équitablement et publiquement par un tribunal compétent, indépendant et impartial*, établi par la loi, qui décidera soit du bien-fondé de toute accusation en matière pénale dirigée contre elle, soit des contestations sur ses droits et obligations de caractère civil. »

Au contraire, le rentrant doit se présenter devant une administration financière. Aucune procédure n'organise la relation entre ce service et l'entrant. Rien n'est donc conçu pour garantir les droits de ce dernier.

L'opération prend fin avec la prédation de 20 % à 30 % des fonds entrés sans qu'aucun fait ne soit articulé énonçant un quelconque crime, à moins de considérer que le dépôt ou l'investissement de fonds dans un pays étranger soit un crime.

V.3. Nouvelle fonction des avocats

Les professionnels des opérations financières (banques, agences immobilières, notaires, etc.) sont astreints à informer l'autorité chargée de la lutte contre le blanchiment, de tout fait susceptible de constituer une action de blanchiment.

Faire de ces professionnels des auxiliaires de police est déjà une très grave décision. Mais pire encore, les avocats sont inclus dans ce groupe. Les avocats français procéderont à leurs révélations en présence du bâtonnier, ce qui ne change rien.

VI. But réels de la prétendue chasse au blanchiment

Puisque le terrorisme n'eut jamais rien à « blanchir », mais plutôt utilise de l'argent « honnêtement gagné » pour financer ses agressions, que la grande criminalité s'est construit de nouveaux circuits financiers, a composé de nouvelles méthodes de blanchiment, que les transferts financiers des multinationales échappent à tout contrôle, le maintien et l'entretien de cette législation vise d'autres cibles.

De même, en France, l'interdiction de tout paiement en espèce supérieur à 1.000 euros, a été décidée après qu'il soit apparu que les paiements nécessaires à la préparation des attentats du *Bataclan* et du *Stade de France* avaient été faits par carte bancaire et sur internet.

VII. Chasse au blanchiment et droits de l'homme

Comme l'a écrit Alexandre Soljenitsyne dans *L'archipel du goulag*, « notre liberté se bâtit sur ce qu'autrui ignore de notre existence. » Autrui n'ignorant dorénavant quasiment rien, notre liberté n'est plus qu'un souvenir.

« Les défenseurs de la conception néolibérale considèrent que la réforme des politiques publiques et des États, en donnant de plus en plus de place aux acteurs privés et à la régulation des marchés depuis les années 1980, a contribué à accroître l'efficacité économique et à améliorer le bien-être des populations. De leur côté, la plupart des contempteurs de la mondialisation néolibérale déplorent le recul des politiques publiques et prônent le retour d'un État fort, garant de l'intérêt général.[361] »

Incapables de contrer l'hyperbourgeoisie des multinationales, de ramener les banques à leur rôle de prêteurs d'argent à l'économie nationale, soumis à la tutelle des États-Unis, les États d'Europe ont détourné un outil élaboré par leur suzerain pour retrouver une apparence de force contre la bourgeoisie, particulièrement les artisans et commerçants qui ne peuvent quelque peu réduire la pression fiscale qu'en faisant du « noir ».

Toute loi n'est pas l'expression d'un droit légitime. À titre d'exemple, on rappelle que le régime national-socialiste implanté en Allemagne de 1933 à 1945 produisit

---

[361] Dominique PLIHON, « Vers une privatisation de la puissance économique ? », *in* Bertrand BADIE et Dominique VIDAL, *Puissance d'hier et de demain – L'état du monde 2014*, La Découverte, Paris, 2013, p. 46.

une grande diversité de textes qui ont été condamnés après la défaite.

L'Allemagne n'a pas l'exclusivité des productions législatives malsaines. Toutes n'organisent pas l'extermination d'une part du genre humain.

Rompre avec les diverses déclarations des droits, même pour atteindre des patrimoines, jette à bas les principes qui fondent l'État de Droit et les bases de la démocratie moderne.

Au lieu de tribunaux respectueux de la procédure pénale, une instance administrative fonctionnant à l'écart de toute règle procédurale.

VIII. Méfait des pratiques actuelles pour la France

Les rentrées financières, notamment les apports des apparatchiks russes qui ont favorisé la croissance économique de la France pendant près de trente ans, ont disparu, poussant la France à une stagnation persistante qui aggrave le nombre des chômeurs[362].

Conclusion

Malgré ses prétentions, la France n'est pas mère des droits de l'homme : pour le moins, ils apparurent un siècle

[362] Dans le cours portant sur les cycles économiques, qu'il dispensait vers 1963, René Courtin énonçait la nécessité d'une croissance illimitée et annonçait les difficultés qui frapperaient la France (chômage, fermetures d'entreprises, etc.) lorsque le taux de croissance deviendrait inférieur à 2 % par an.

plus tôt en Grande-Bretagne. Au contraire de la Côte d'Ivoire, elle ne cite pas la Déclaration universelle de 1948 dans le préambule de sa constitution.

La France peut difficilement prétendre être encore un État de Droit, ayant confié à une administration relevant du ministère des Finances, une fonction qui n'aurait jamais dû, si peu que ce soit, être ôtée aux magistrats de droit pénal.

Elle est donc un pays où les fonctions d'exécutif et de judiciaire sont confondues. Elle n'a pas perçu que les États-Unis avaient confié à la justice civile ce qui avait appartenu précédemment à la justice répressive, mais cependant laissé aux magistrats seuls le soin d'examiner les dossiers, conservant au moins la forme d'un État de Droit.

Résumé

Le mythe de l'immense fortune d'Oussama ben Laden a « justifié » la floraison de textes destinés à lutter contre le terrorisme au plan financier, et accessoirement contre les trafics de stupéfiants, le grand banditisme et le blanchiment d'argent.

Le flou de ces textes et les amalgames ont permis aux États de s'emparer de milliards de dollars, d'euros, mais n'ont pas limité les actions terroristes.

Mots-clés : Migration, migrant, immigration, flux de population, Déclaration de 1948, dénatalité.

Abstract

After the intra-European migrations, are coming the immigrants coming from Middle-Est and Africa. Is it possible they refer to 1948 Declaration? Or to the asylum call?

Is it possible that terrorists mixed themselves with peaceful people escaping from their country?

The reduction of the number of born is visible in the most numerous countries of Europa, drives some of them to find a solution in immigrants calling.

The relation between the national population and the immigrants is thus ambiguous.

The economic situation of others countries out of Europe, leaves an important part of the population unable to find wages, of an agreeable life.

Bibliographie

ALDEN Edward & PEEL Michael, "US May Ease Stance Over Money Laundering: Coalition is pushing regarding reporting of big cash deposit", *Financial Times*, June 1, 2001

ANGELI Claude, « Le chef d'état-major des armées contredit Hollande », *Le Canard enchaîné* n° 5003, 14 septembre 2016

ARENDT Hannah, *Essai sur la révolution*, Gallimard, Paris, 1967

-« L'impérialisme », *Les origines du totalitarisme*, Quarto Gallimard, Paris, 2002

BADIE Bertrand et VIDAL Dominique, *Puissance d'hier et de demain – L'état du monde 2014*, La Découverte, Paris, 2013

Badr Al-Rached, « Elle n'est pas liée aux islamistes », *Al-Araby Al-Jadid*, 18 mai 2016, *Courrier international* n° 1349, 8-14 septembre 20116, p. 12

BARTNIK Marie, « Quand les entreprises du CAC 40 échappent à l'impôt », *Le Figaro. Fr économie*, 19 décembre 2010

BORKOWSKI Susan C., *Transfer Pricing of Intangible Property: Harmony and Discord Across Five Countries*, The International Journal of Accounting, 2001

BRIEMONT Jean, « La bonne conscience endort la gauche », *Manière de voir* n° 120, décembre 2011-janvier 2012

CHAVAGNEUX Christian, « Les paradis fiscaux, piliers du capitalisme », *Alternative économique* n° 252, novembre 2006

COHEN Adam, "Banking On Secrecy", *Time*, October 14, 2001

DASQUE Jean-Michel, « Qu'est-ce que le terrorisme ? », *Diplomatie*, Les grands dossiers n° 32, avril-mai 2016

DEMBINSKI Paul H., « Enjeux éthiques des prix de transfert », *in* Association d'économie financière, *Rapport moral sur l'argent dans le monde. La face cachée de la finance : délits financiers, cybercriminalité, finance offshore, fraude fiscale – Les enjeux éthiques*, 2005

DUPRE Mathilde et MERCKAERT Jean, « Paradis fiscaux : la souveraineté à l'épreuve de la mobilité », *CERISCOPE Puissance*, 2013 [en ligne], consulté le 08/09/2016, URL : http://ceriscope.sciences-po.fr/puissance/content/part5/paradis-fiscaux-la-souverainete-a-l-epreuve-de-la-mobilite?

FOURNIER Nicolas, LEGRAND Edmond, *C... comme combines*, Alain Moreau, Paris, 1975

GARRIER Claude, « Liberté et sécurité », *Cahiers de l'I.R.E.A.* n° 1, mars 2016

GRAY Jesse Glenn, *Au combat – Réflexions sur les hommes à la guerre*, Tallandier, Paris, 2012

HOFFMANN Stanley, *Gulliver empêtré. Essai sur la politique étrangère des États-Unis*, Paris, Seuil, 1971

KELSEN Hans, *Théorie pure du droit*, Dalloz, Paris, 1962

KEYNES J. M., «Will Rearmement Cure Unemployment?», June 1939 (Keynes, 21 : 530).

KRIEGEL Blandine, *État de Droit ou empire*, Bayard, Paris, 2002

-*Le Canard enchaîné*, « Treize milliards pour leur pomme », n° 5002, 7 septembre 2016

LE ROUX Jean-Baptiste, « Quand l'État islamique vend des femmes aux enchères », 11 novembre 2014

McWILLIAMS David, « Irlande. L'affaire Apple : gagnant-gagnant », *Irish Independent*, 31 août 2016 ; *Courrier international*, 8-14 septembre 2016

MONZER Makhous, *Pétrole et développement dans le monde arabe : des révolutions en chaîne*, L'Harmattan, Paris, 2011

MORRIS Stuart, « The Age of Industrialization 1865-1917 – The changing American landscape .», http://media.wix.com/ugd/d3c97e_111c6029406c3bb36c9e700982faab90.pdf)

NADEAU Christian, Université de Montréal, *L'hyperlien Hobbes-Harper*, Université de Montréal, UQAC, 20 février 2010, PDF

NAPOLEONI Loretta, « Money and Terrorism », *Strategic Insight*, avril 2004

-*Modern Jihad : Tracing the dollars behind the terror networks*, Pluto Press, Londres, 2003

OCDE, *Transfer Pricing Guidelines for Multinational Enterprises and Tax* Authorities, 1995

PHILIP André, « Le résistant, l'Européen, le protestant », *Revue d'économie politique n°6*, 1964

SAVIANO Roberto, *Extra pure – Voyage dans l'économie de la cocaïne*, Gallimard, Paris, 2013

SCAHILL Jeremy, *Le nouvel art de la guerre* (*Dirty wars*), Lux éditeur, Montréal, 2014

SHAFER Jack, « The PowerPoint That Rocked the Pentagon : The LaRouchie defector who's advising the defense establishment on Saudi Arabia », *Slate*, 7 août 2002

SIFAOUI Mohamed, *Al-Qaïda Maghreb islamique – Le groupe terroriste qui menace la France*, Encre d'Orient, Paris, 2010

TOYNBEE Arnold, *L'histoire*, Éditions Payot & Rivages, Paris, 1996

VICTOR Barbara, *La dernière croisade : Les fous de Dieu version américaine*, Paris, Plon, 2004

WARDE Ibrahim, *Propagande impériale & guerre financière contre le terrorisme*, AGONE/Le Monde diplomatique, Paris, 2007

ZINN Howard, « Pourquoi occupons-nous l'Irak », *Manière de voir* n° 120, décembre 2011-janvier 2012

L'éthique kantienne : crises et ruptures consécutives au mal radical

Docteur Pascal KOLESNORE
Assistant à l'Université Saint Thomas d'Aquin (USTA) – Ouagadougou
kolesnorepascal@yahoo.fr

Introduction

Kant, dans *L'histoire de la philosophie,* compte parmi les penseurs qui ont élaboré une éthique si bien rationnellement fondée qu'on la croyait résistante à toute épreuve et intangible en ces principes. Cette pensée éthique s'est retrouvée confrontée au drame du mal radical et loin de sortir indemne de cette confrontation, elle connaît de profondes mutations. De fait, la découverte par Kant du mal radical autour de 1792[363] induit plusieurs crises sérieuses de son éthique, des crises dont on n'a pas

[363] On situe autour de 1792 l'attention de Kant pour la notion de mal radical qu'il développe dans un essai intitulé : *De l'installation du mauvais principe à côté du bon ou du mal radical dans la nature humaine.* Cet essai deviendra la première partie de son œuvre *La religion dans les limites de la simple raison.*

encore fini de mesurer l'ampleur. Kant tombe ainsi dans des notions instables, ambigües, des paradoxes. Son éthique ne se révèle pas seulement fragile ; le mal radical menace même d'invalider ses principes jugés intangibles. Ces crises de l'éthique kantienne pose question : l'ancrage en l'homme de la disposition originaire au bien serait-il si fragile, si superficiel qu'elle ne résiste pas aux tentacules racinaires d'un mal qui serait alors plus qu'un simple penchant ? Comment sauver l'éthique d'une chute fatale dans le gouffre sans fonds (*Abgrund*) que craignait Kant ? Sans désarmer, celui-ci tente un sauvetage de son éthique ; sa conviction du progrès éthique se réduit en fin de compte au fil tenu de l'espérance en un germe de bien. Ce sauvetage nous semble culminer dans une pensée à tendance micrologique dont on perçoit quelques indices sous la plume de Kant. Pour vérifier cette hypothèse, nous examinerons minutieusement les textes kantiens pour percevoir les points de rupture, les déplacements conceptuels que Kant opère pour sauver son éthique.

I. Le passage à une seconde éthique

Kant s'affirme avant tout et de façon générale comme le penseur de la subjectivité. À la suite du Cogito cartésien, il a développé une philosophie de la subjectivité transcendantale. L'Analytique transcendantale de la *Critique de la raison pure*, pense le « Je » comme un être pensant qui ne peut être conçu que comme sujet. Ce sujet est la condition nécessaire de toute perception signifiante du monde, de toute connaissance : il est une conscience pure qui donne ses lois à la nature. Ce sujet qui assure la liaison signifiante des phénomènes de la nature ne saurait se réduire lui-même à un phénomène ; il est une conscience non empirique, une conscience pure, transcendantale. L'éthique kantienne porte logiquement les marques de cette centralité de la subjectivité. Mais du fait du mal radical, cette centralité subit un déplacement, un décentrement.

1. Une éthique individuelle sur fond d'universalité

La philosophie pratique qui se déploie dans les œuvres de Kant se préoccupe de donner à la moralité, un fondement rationnel ; ce qui lui assure son caractère universel. Il y a ainsi une objectivité incontestable de la loi morale et une universalité de l'impératif catégorique qui dérivent du partage par tous de la rationalité. C'est la raison pour laquelle, la norme de référence de la moralité subjective reste l'universalité de ma maxime, la loi universelle de la nature.

Nonobstant cet ancrage universel de l'éthique, elle a comme base incontournable l'individu. Kant pense prioritairement le devoir moral comme un devoir personnel ; en témoigne le destinateur subjectif de l'injonction impérative du devoir : *« Agis de telle sorte que... »*. Bien plus, Kant s'affirme avant tout, comme le philosophe de l'autonomie du sujet moral. De fait, l'idée d'autonomie est la clé de voûte de la morale kantienne. Ce principe affirme que l'être raisonnable en se soumettant à la loi morale se soumet en fait à la législation de sa propre raison. Dans le concept d'autonomie, il y a *autos* (soi-même) et *nomos* (loi). L'autonomie désigne donc le statut de la volonté qui se donne à elle-même sa loi de conduite. Se soumettre à une loi étrangère est une hétéronomie.

Cette autonomie loin d'être un état, s'inscrit dans l'ordre de la conquête. Là encore, la dimension éthique du progrès passe premièrement par l'individu. L'éthique kantienne assigne à chaque sujet moral, une destination, un sommet éthique à atteindre. Pour la *Religion dans les limites de la simple raison*, le progrès de l'individu passe par les bornes successives de l'animalité, de l'humanité et culmine dans l'étape de la personnalité[364].

Ce progrès éthique rencontre en premier lieu, l'obstacle de l'infirmité de l'homme, incapable de se situer à la hauteur de la loi morale. La volonté humaine par fragilité, transgresse ponctuellement la loi du devoir. Le mal s'entend comme une infraction momentanée à l'obéissance par la préférence accordée aux mobiles sensibles sur la loi morale. Cependant, ce premier obstacle au progrès éthique n'a rien de grave en comparaison du drame du mal radical.

La *Religion dans les limites de la simple raison* s'ouvre par le constat d'un conflit inhérent à la nature humaine. Kant décèle dans l'homme "*une disposition originelle au bien*" (*Anlage*) et "*un penchant au mal*"[365] (*Hang*). L'homme se présente d'emblée comme un être conflictuel. Tiraillé par le combat intérieur du bien et du mal, il est une tragédie vivante.

Dans ce conflit du bien et du mauvais principe, l'avantage revient au bien. Celui-ci relève d'une disposition naturelle reçue et innée ; le mal lui, relève d'une tendance acquise. La disposition au bien appartient à la structure originelle de l'être raisonnable ; le penchant

---

364 KANT, *La Religion dans les limites de la simple raison*, in *Œuvres philosophiques*, Trad. de Alexis Philonenko, t. III, Paris, Gallimard, Coll. « Bibliothèque de la Pléiade », 1986, p. 37 (Ak. VI, 26).
365 *Ibid.*, p. 40 (Ak. VI, 28).

au mal relève d'un enracinement postérieur au bon principe ; il dérive d'une décision, d'un choix délibéré de l'homme ; il n'est pas originel. La nature dispose donc l'homme au bien.

Dans la pratique, un renversement énigmatique se produit : disposés *a priori* pour le bien, nous optons malgré tout pour le mal au moment du choix inaugural. L'homme mature pour l'exercice de sa responsabilité d'existant libre, se trouve en face de l'alternative de l'obéissance à la loi morale ou de la désobéissance. Avec cette alternative, toute sa destinée ainsi que la valeur morale de toutes ses actions ultérieures se trouvent engagées. Et chacun de nous a choisi la transgression. Ce choix initial, comme un sceau indélébile, marque toute l'existence de l'homme et sa nature. L'homme devient par le fait même mauvais.

Il ressort de cette analyse que le mal radical dérive d'un choix délibéré de l'homme, du mauvais exercice de notre autonomie. Cette mise en évidence du mal radical provoque à l'action et engendre luttes et efforts pour le vaincre. La sortie du drame ou le retour au bien ne peut s'opérer que par une révolution : un renversement total, un changement de régime par césure violente détrônant les mobiles sensibles pour que la souveraineté de la loi s'impose. À la radicalité du mal doit répondre la radicalité de la conversion. Cette révolution éthique sous la forme d'un renversement (*Umkehrung)*, Kant l'envisage comme une nouvelle naissance. Elle consiste en une régénération, en une sorte de nouvelle création.

En définitive, alors que le mal radical menaçait d'impasse le devenir éthique, la conversion relance le progrès éthique. Malheureusement, cette relance du progrès éthique va se trouver confrontée à de nouveaux assauts du mal. De fait, une résurgence du mal radical va induire le dépassement de l'autonomie individuelle et le passage de Kant à une seconde éthique où l'ancrage subjectif de la moralité va céder le pas à un ancrage communautaire. Kant procède à un sauvetage du progrès éthique au prix d'une modification de son éthique.

2. Le recours à une éthique communautaire

Dans l'engrenage du mal, l'espoir d'une sortie du drame se fonde en premier lieu sur la conversion individuelle. C'est sans compter avec la puissance corruptrice du mal qui excède l'intériorité du cœur de l'homme pour toucher les relations d'homme à homme. Malgré la conversion dite radicale, la simple présence d'autrui incline l'homme au mal. Les hommes se corrompent réciproquement. Le mal radical acquiert ainsi une dimension sociale ; c'est une sorte de second mal radical. L'homme se retrouve dans un état de nature éthique.

La sortie de l'état de nature juridique que les théoriciens du droit naturel croyaient déterminer une amélioration éthique de l'homme, coïncide chez Kant, avec l'entrée dans l'état de nature éthique. La vie sociale, malgré son ordonnancement juridique, se révèle du point de vue éthique, comme un conglomérat conflictuel de libres arbitres corrupteurs. Tout se passe comme si la présence d'autrui induisait une métamorphose de l'homme. Cette persistance du mal dans la société politiquement organisée en appelle à une autre institution.

Kant choisit d'affronter le mal sur ce terrain communautaire. Il ne choisit pas de protéger l'individu de ses semblables en l'isolant de la société corruptrice comme Rousseau l'avait fait pour son Émile. Il opte de le défendre du mal en l'associant aux autres. La force du bien en chacun étant incapable de venir à bout du mal, il mise sur la coalition des forces du bien contre les forces du mal dans une communauté éthique universelle, point d'aboutissement du règne des fins des *Fondements de la métaphysique des mœurs*. On ne peut vaincre le mal qu'en unissant nos fragiles forces morales, qu'en collaborant avec les autres.

L'autonomie du sujet seule ne suffit pas à le garantir d'une victoire sur le mal radical ; d'ailleurs, celui-ci s'avère un mal de l'autonomie ; du moins, il dérive d'un mauvais exercice de l'autonomie. Cette autonomie doit être dépassée, englobée dans une *Gemeinheit* qui la soutient. À la différence de la communauté politique où le peuple est le souverain et donc son propre législateur, il s'agit ici d'une union religieuse qui suppose Dieu comme législateur éthique, le donateur de la loi. D'où son statut de *« Peuple de Dieu sous des lois éthiques »*[366] incarnant le Royaume de Dieu sur la terre. En fait, l'autonomie du sujet moral fièrement affirmée dans les *Fondements de la métaphysique des mœurs* connaît ici une limitation sous la forme d'une donation extérieure de la loi et d'une réception intérieure par le sujet. L'autosuffisance de départ de l'autonomie cède le pas à une autonomie hétéronome signe d'une révision conceptuelle puisque l'autonomie de départ a failli et il faut la tempérer par une dose minime d'hétéronomie.

Cette communauté éthique, on peut la nommer *"Une Église universelle"* ; celle-ci porte l'espoir de notre salut, de notre sortie de l'engrenage du mal. Elle se présente

---

366 *Ibid.*, p. 119 (Ak. VI, 98).

comme l'idéal le plus haut. Mais nous n'y sommes pas encore. Entre la pureté de l'Idée d'Église universelle et la réalité des Églises historiques existantes, s'interpose une grande distance.

Le mal, par cette faille, envahit l'institution ecclésiale censée venir à bout du mal destructeur. Ce mal radical de l'Église se donne comme perversion des églises visibles en des modalités diverses : le culte pathologique, l'intolérance, la superstition, l'hypocrisie, le cléricalisme dégradant… En fin de compte, en lieu et place du règne de Dieu en nous, *« on a fondé l'empire des prêtres »*[367]. Nous avons là l'indice d'une troisième modalité du mal radical.

On le perçoit bien, la méditation kantienne du mal ne s'arrête pas avec l'Essai de 1792 ; elle se creuse dans l'analyse de la fausse religion. Le mal radical ne se réduit pas au mal moral ; il prend des allures religieuses, s'approfondit-en mal de la religion. Après avoir investi l'intériorité du cœur de l'homme, le rapport du sujet moral aux autres, il corrompt maintenant le rapport de l'homme à Dieu. Il n'épargne finalement aucune modalité de l'existence humaine. La crise du mal radical s'aggrave ainsi et atteint ici son paroxysme puisqu'il gagne le domaine du surnaturel.

La conversion comme remède au mal radical ne se limite pas au seul sujet individuel ; la communauté humaine devient aussi un sujet de redressement moral et même la communauté spirituelle. Bien plus, les remèdes envisagés jusque-là, la conversion renversante s'avèrent ici inopérants. En lieu et place d'une *Umkehrung* vers le bien, Kant admet ici ce qu'il avait exclu auparavant, la

---

[367] KANT, *Réflexions sur l'anthropologie*, n° 1396 (Ak. XV, 608).

réforme progressive des Églises existantes pour coïncider peu à peu avec l'idéal de l'Église universelle.

En faisant le bilan des crises consécutives à la découverte du mal radical, on se rend compte que l'éthique kantienne subit de multiples déplacements conceptuels. Sa pensée est *« prise entre la conception individualiste du règne des fins et la conception communautaire de la cité éthique »*[368], entre le retournement subite et radical vers le bien et la réforme progressive. Même là, Kant n'est pas au bout de ses peines, car la crise consécutive au mal ne se réduit pas à cela. Du fait du mal radical, on assiste à des césures dans la conception éthique kantienne, autres aspects de la crise provoquée par le drame du mal radical.

II. Ruptures dans l'éthique kantienne

1. La césure du progrès vers le souverain bien

Du point de vue du philosophe de Königsberg, l'histoire se définit comme le processus de réalisation d'un but ultime, le Souverain Bien. Ce concept, bien que toujours au singulier, revêt cependant, une multiplicité de significations et de contenus : la paix perpétuelle, la constitution civile parfaite, la communauté éthique universelle, le bonheur... La philosophie kantienne de l'histoire se trouve comme écartelée entre plusieurs idéaux et sa notion de Souverain Bien se révèle polysémique.

---

[368] Jean-Louis BRUCH, *La philosophie religieuse de Kant*, Paris, Aubier Montaigne, 1968, p. 171.

Ceci dit, cette polysémie peut se réduire à une dualité de contenu. Le *summum bonum* se laisse ramener à un idéal ultime comportant deux aspects interdépendants : le Souverain Bien politique avec l'avènement d'un tout cosmopolitique, et le Souverain Bien éthique qui culmine dans l'établissement d'une communauté éthique universelle. Cette dualité peut même être surmontée grâce au fil conducteur qui les traverse tous deux et en assure l'unité, la liberté qui recèle deux contenus, la liberté extérieure ou légale et la liberté morale. On peut donc en déduire qu'il n'y a qu'un but ultime de la destinée humaine, la réalisation éthico-politique de la liberté ou l'épanouissement total de la liberté, tant extérieure qu'intérieure, tant légale que morale. Et toute la philosophie kantienne de l'histoire consiste à penser l'avènement historique de ce règne de la liberté.

La pensée kantienne du devenir commence ainsi par associer le progrès politique et moral. Vertu et droit relèvent tous deux d'un fondement commun, la raison pure pratique ; un unique concept les sous-tend et les fonde : l'Idée de liberté. Cette visée d'un souverain bien unitaire se heurte autour de 1792–1793 à la prise de conscience de l'impossibilité d'un progrès associant politique et éthique. Le progrès éthico-politique se trouve dangereusement compromis par la courbure de l'homme, par le mal qui pousse ses racines dans son cœur. Kant, en *Aufklärer* convaincu du progrès historique, sauve celui-ci au prix d'une scission entre idéal politique et idéal éthique. Sous sa plume, un optimisme historico-politique se trouve contrebalancé par une forme de pessimisme éthique.

L'idéal politique, affirme le *Projet de paix perpétuelle*, reste réalisable même par un peuple de démons. L'État étant de fondation si peu morale, *« le problème d'une constitution, fût-ce pour un peuple de démons n'est pas impossible à résoudre, pourvu que ce peuple soit doué d'entendement. (...) Il n'exige pas qu'on obtienne l'effet désiré d'une réforme morale des hommes. Il demande uniquement comment on pourrait tirer parti du mécanisme de la nature »*[369]. Pour édifier la constitution civile adéquate, point n'est besoin d'une société d'anges ; l'obstacle de la courbure naturelle de l'homme se révèle politiquement surmontable.

Quant au volet éthique, les affirmations de Kant manifestent une forme de dépit et de déception. S'interrogeant sur le bénéfice que le progrès vers le mieux procurera au genre humain le *Conflit des facultés* répond : *« Non pas un quantum toujours croissant de la moralité dans l'intention, mais une multiplication des produits de la légalité dans des actions conformes au devoir »*[370]. Par moments, Kant tend à considérer la réalisation de l'idéal éthique comme impossible et semble y renoncer : *« L'idée sublime, jamais réalisable d'un corps éthique, se rétrécit dans des mains humaines ; elle devient alors une institution, qui pouvant sans doute n'en représenter purement que la forme, se trouve en ce qui concerne les moyens d'édifier une telle totalité, très limitée par les conditions de la*

[369] KANT, *Projet de paix perpétuelle*, Pléiade, *in* Œuvres *philosophiques,* Trad. de Heinz Wismann, Paris, Gallimard, Coll. « Bibliothèque de la Pléiade », T. III, 1986, p. 360 (Ak. VIII, 366).
[370] KANT, *Le Conflit des facultés,* Pléiade, Trad. de Alain Renaut, Paris, Gallimard, Coll. « Bibliothèque de la Pléiade », T. III, 1986, p. 902 (Ak. VII, 91).

nature humaine sensible. Mais comment s'attendre à pouvoir charpenter à partir d'un bois aussi courbe quelque chose de parfaitement droit »[371].

La césure est désormais consommée : visée morale et visée politique se séparent ; les deux trajectoires se partagent alors l'idéal historique, s'excluant même. *« Malheur au législateur,* énonce Kant, *qui voudrait, par la contrainte réaliser une constitution visant des fins éthiques »*[372]. L'institution de la communauté civile ne coïncide pas avec l'épanouissement de la moralité ; bien au contraire, la vie sociale constitue le terrain propice à la corruption mutuelle des sujets moraux.

Entre les deux, la césure prend progressivement l'allure d'un abîme. À la conviction kantienne d'un progrès historico-politique de l'espèce, s'oppose désormais, le constat anthropologique d'une nature humaine moralement mauvaise. Pendant que sur le premier plan, l'espèce progresse, dans le second, le sujet moral se retrouve englué dans le mal radical. L'espoir se concentre désormais sur le progrès politique dont Kant cherche la confirmation dans la trame historique de son époque.

Outre cette rupture entre versant éthique du progrès et versant politique, l'éthique kantienne connaît aussi une césure interne

2. Vers une éthique située

À l'encontre de l'éthique kantienne, on adresse généralement plusieurs critiques dont celles de promouvoir

---

[371] Id., *La Religion dans les limites de la simple raison*, pp. 121-122 (Ak. VI, 100)
[372] *Ibid.*, p. 116 (Ak. VI, 96).

une universalité purement abstraite. L'impératif catégorique exige de faire abstraction de toutes les déterminations sensibles, reste extérieur aux cas individuels ou aux situations particulières. La loi morale s'impose à tous sans exception, quelle que soit la situation où l'on se trouve. Le devoir ne souffre aucune exception.

On a ainsi accusé la morale de Kant de rigorisme et de formalisme. De fait, l'exigence rationnelle de pureté morale l'incline à un rigorisme quasi inhumain qui débouche sur une éthique formelle incontestable. Kant exclut de l'action morale toute fin et tout mobile matériels ; seule la pure représentation de la loi doit déterminer la volonté sans addition d'aucune matière. L'action morale ne tire pas sa valeur de la prise en considération du contenu matériel des fins, ni des circonstances de l'agir ; seule la forme peut faire que la volonté soit absolument bonne. La conception kantienne de l'éthique exclut la notion de circonstances atténuantes. L'agir moral consiste dans le respect de la loi parce que c'est la loi. C'est cela le formalisme, le fait que l'action morale fasse abstraction du contenu ou de la matière de l'action, des circonstances où le sujet moral se tient, pour ne considérer que la forme. L'acte vraiment moral exige un vide de soi et suppose de se vider de soi pour faire place à la transparence de la loi.

La crise ouverte par la découverte du mal radical va induire une inflexion manifeste dans la pureté et le formalisme de cette morale. La fermeture hermétique de l'éthique rationnelle kantienne connaît une inflexion vers une éthique rationnelle située. Ainsi, la tentative d'appréhension kantienne d'une des manifestations du mal radical, le régicide, laisse percevoir une philosophie des principes qui commence à tenir compte des circonstances.

En janvier 1793 les révolutionnaires français assassinent le roi Louis XVI. Ce crime des jacobins saisit d'horreur Kant qui admirait la révolution française comme un signe de la réalisation possible de l'idéal historique en son versant politique. Ce régicide présente les traits d'un mal diabolique. Sous la plume de Kant, il reçoit des qualificatifs que le mal radical de la *Religion dans les limites de la simple raison* n'avait jamais reçus. L'exécution du roi se présente comme un crime immortel, inexpiable[373] qui *«subsistera éternellement et ne sera jamais effacé »*.

Ce mal diabolique, Kant en avait exclu la possibilité de survenue. Un tel mal, pensait-il n'est pas applicable à l'homme[374]. Mais ce mal exclu, à défaut de se présenter dans sa nudité diabolique, peut se présenter sous des formes substitutives déguisées. Le régicide se pare bien des traits du mal diabolique, mais en réalité il participe de ses formes substitutives et figuratives. *« Cela ressemble,* nuance-t-il, *à un crime qui subsistera éternellement »*[375]. En fait, Kant se lance dans une tentative de justification de ce crime horrible dans le but de conjurer la survenue du mal diabolique dans l'histoire humaine.

Il tend ainsi à disculper le peuple français d'un crime diabolique, à savoir *« l'exécution en bonne et due forme »* de son souverain ; il trouve au geste condamnable des révolutionnaires des circonstances atténuantes maintenant le crime dans les limites du mal radical. *« De toutes les atrocités qu'entraine le renversement de l'État par*

---

373 Id., *Métaphysique des mœurs in Œuvres philosophiques, Trad. de Joëlle Masson et Olivier Masson, Paris, Gallimard, Coll. « Bibliothèque de la Pléiade », T. III, 1986.* note, p. 588 (Ak. VI, 322).
374 KANT, *La Religion dans les limites de la simple raison*, p. 49, (Ak. VI, 35).
375 Id., *Métaphysique des mœurs*, p. 588 (Ak. VI, 322).

l'insurrection, le meurtre même du monarque n'est encore pas ce qu'il y a de plus grave ; car on peut aller jusqu'à se représenter que le peuple l'a perpétré par peur que si le monarque restait en vie, il vienne à reprendre le dessus et à lui infliger la punition méritée, et ainsi ce ne serait pas un acte de justice pénale, mais de simple autoconservation ».

Kant refuse de faire des Français, un peuple de démons ; ils le seraient s'ils avaient vraiment jugé, condamné et tué le garant de l'ordre et de la loi en suivant la procédure juridique adéquate. Le jugement du roi qui aboutit à son exécution se présente plutôt comme une parodie de justice, son exécution comme un simple meurtre maquillé en exécution au terme d'une procédure juridique. Il s'agissait en réalité d'un assassinat par la vindicte populaire. L'épreuve du mal radical sonne le glas de l'éthique rigoriste et formaliste de Kant qui se refusait jusque-là à tenir compte des circonstances.

Il ne fait plus guère de doute qu'un spectre hante l'éthique kantienne, le spectre du mal. Kant se refuse cependant à la résignation face à ce drame. Celui-ci ne nous condamne pas à une déchéance irrémédiable. Kant face à la menace d'invalidation de son éthique par le travail corrupteur du mal radical, tente plusieurs sauvetages de son éthique.

III. Les refuges de l'éthique kantienne

1. Le refuge de la religion

Quelle que soit la trajectoire prise par l'éthique kantienne, individuelle ou communautaire, toutes deux finissent par l'appel au secours divin. Sur le plan individuel, la conversion entendue comme nouvelle naissance ne dépend pas seulement de l'homme ; le mal est si enraciné en l'homme qu'il *« ne peut être anéanti par les forces humaines »*[376]. Kant en appelle alors au mystérieux concours d'un Être supérieur. Par ailleurs, le progrès chez Kant a comme terme le souverain bien, réconciliation de la vertu et du bonheur. Cette réconciliation ne peut se réaliser qu'à la condition d'une existence individuelle indéfiniment prolongée. À cette condition s'ajoute celle d'un Dieu juste, qui promet la béatitude dans l'au-delà, aux êtres raisonnables qui s'en sont rendus dignes. Ce sont les *"Postulate der Praktischen Vernunft"*[377], c'est-à-dire les postulats de la liberté, de l'immortalité de l'âme et de Dieu.

Sur le plan communautaire, l'intervention divine consiste en l'union des êtres raisonnables dans une communauté éthique universelle. Dieu se trouve à la base de cette institution et joue le rôle de législateur éthique. *« Comme l'homme ne peut pas réaliser lui-même l'Idée du Bien suprême inséparablement liée à la pure intention morale (non seulement sous le rapport du bonheur qui s'y rattache, mais aussi sous celui de l'association des hommes pour la fin totale) et que cependant il trouve en soi le devoir d'y travailler, il a recours à la croyance en une collaboration ou une disposition du souverain moral du monde, seules*

---

[376] Id., *La Religion dans les limites de la simple raison*, p. 51 (Ak. VI, 37).

[377] KANT, *Critique de la raison pratique*, in Œuvres philosophiques, Trad. de Luc Ferry et Heinz Wismann, Coll. « Bibliothèque de la Pléiade », Paris, Gallimard, T. II, 1985, p. 769 (Ak. V, 132).

capables de rendre cette fin possible, et c'est alors que s'ouvre l'abîme du mystère »[378].

La visée du Souverain Bien éthique trouve refuge dans l'au-delà du monde sensible. Le mal entraîne la raison humaine vers *"l'insondable champ du surnaturel"*[379]. Kant le reconnaît : *« dans la conscience de son impuissance à satisfaire son besoin moral, la raison s'étend jusqu'à des Idées transcendantales, qui pourraient combler ce vide, sans toutefois se les approprier comme une possession élargissant son champ »*[380]. Toutes les affirmations concernant les interventions de Dieu en notre faveur sont *« des parerga de la religion à l'intérieur des limites de la pure raison »*[381].

Hantée par le spectre du mal radical, la morale kantienne débouche ainsi sur la religion. Or Kant défendait une morale toute rationnelle ; pour lui, une morale qu'on fait dépendre de Dieu n'est plus une morale ; pourtant, sa philosophie morale tenaillée par le mal radical se réfugie dans la religion sous la forme d'une foi de la raison, d'une religion venue du dehors de la raison et que la raison cherche à intégrer.

Même si Kant s'en défend, au terme de sa théorie du progrès de la liberté, l'histoire et le sort de l'homme sont quasiment abandonnés au *"Deus ex machina"* de la Sagesse suprême. Son rationalisme historique s'accommode donc d'une théodicée, pourtant vigoureusement récusée un an seulement auparavant

---

[378] KANT, *La Religion dans les limites de la simple raison*, p. 170 (Ak. VI, 139).
[379] *Ibid.*, p. 70 (Ak. VI, 52).
[380] *Ibid.*, p. 70 (Ak. VI, 52).
[381] *Ibid.*, p. 70 (Ak. VI, 52).

dans son œuvre *Sur l'échec de toute tentative philosophique en théodicée.* Ce qui conduit ainsi la raison hors d'elle-même c'est la quête d'une délivrance du mal qui subvertit le fondement même de la morale devenue par le fait même instable. La crise éthique provoquée par le mal radical amène la pensée rationnelle de Kant hors des bornes de la rationalité.

La religion ne semble pas l'unique refuge de la pensée de Kant. On soupçonne chez lui quelques indices d'une pensée micrologique.

2. Le refuge micrologique

Le dernier mot de Kant sur le drame du mal radical n'est pas le désespoir, mais l'espoir et même l'espérance[382]. Il inscrit la victoire du bien dans une dynamique d'espérance. L'espérance de cette victoire porte d'abord sur l'assistance surnaturelle. L'infirmité de la nature humaine contraint Kant à « *situer l'espérance de son* [de l'humanité] *progrès uniquement dans une Sagesse venant d'en haut, laquelle se nomme Providence, quand elle nous est invisible* »[383]. La religion concentre donc toutes les espérances de Kant. La victoire du bien, la sainteté, le bonheur font l'objet d'une espérance religieuse. Tout se passe comme si au désespoir d'une réalisation historique du souverain bien éthique répond en écho l'espérance religieuse.

---

[382] Ceci a fait dire à Alexis Philonenko : « *On ne le dit jamais assez, la Religion dans les limites de la simple raison est une théorie d'abord synthétique puis systématique de l'espérance* » (*Métaphysique et politique chez Kant et Fichte*, Paris, p. 151). À sa suite, Olivier Reboul soutient que « *sa philosophie religieuse n'a pas pour dernier mot le désespoir mais l'espérance* » (*Kant et le problème du mal*, p. 258).

[383] KANT, *Le Conflit des facultés,* p. 905 (Ak. VII, 93).

Ensuite, l'espérance se focalise sur un reste de bien, une disposition originaire au bien qui survit aux ravages des forces du mal à l'œuvre dans le cœur de l'homme et dans l'histoire. Le *Projet de paix perpétuelle* reste en effet convaincu du *« maintien du principe moral qui ne s'éteint jamais dans l'homme »*[384]. Le mal, malgré sa radicalité n'a pu anéantir le germe du bien dans le cœur de l'homme. L'*Umkehrung* laisse intacte la bonté de nos dispositions originaires au bien. Sur ce germe, se fonde l'espérance d'un retour au bien : *« En l'homme qui, en dépit de la perversion de son cœur, a toujours une bonne volonté, l'espérance d'un retour au bien, dont il s'est écarté, demeure »*[385].

Concrètement, il y a une présence réelle de l'Église invisible sous la forme d'un germe dans les Églises visibles et il faut espérer que ce germe se développe progressivement et qu'ainsi se réalise l'Idée de communauté éthique universelle. *« Bien que les hommes aient fait sans succès l'essai de nombreuses formes pour une Église, ils ne doivent pas cependant cesser, par de nombreuses tentatives (s'il en faut) qui éviteraient le mieux possible les fautes des précédentes, à tendre vers ce but »*[386].

Dans la même œuvre, la *Religion dans les limites de la simple raison*, Kant ne cesse pas de rappeler l'indestructible universalité des valeurs du vrai et du bien et il compte sur leur triomphe progressif : *« Le vrai et le bien que tout homme en vertu de ses dispositions naturelles peut saisir par l'intelligence aussi bien que par*

---

[384] Id., *Projet de paix perpétuelle*, p. 376 (Ak. VIII, 380).

[385] Id., *La Religion dans les limites de la simple raison*, p. 60 (Ak. VI, 44).

[386] *Ibid.*, p. 128 (Ak. VI, 105).

le cœur, ne manquent pas, dès lors qu'ils sont devenus publics, de se communiquer universellement, grâce à l'affinité naturelle qui est la leur avec la disposition morale des êtres raisonnables. Les obstacles suscités par les causes politiques et sociales qui peuvent s'opposer de temps à autre à leur diffusion servent plutôt à rendre encore plus intime l'association des âmes pour le bien (qui dès lors qu'il a été saisi dans leur regard, n'abandonne plus leur pensée). Voilà donc le travail (invisible pour l'œil humain), mais continûment en marche du bon principe, afin d'édifier dans le genre humain, en tant que communauté soumise aux lois de la vertu, une puissance et un royaume qui affirment la victoire sur le mal ».[387]

En définitive, la hantise du mal nous oblige à une lutte interminable contre ce mal sans cesse renaissant, à l'image du rocher de Sisyphe. Cette lutte de longue haleine se nourrit d'une espérance de victoire si timide soit-elle. La conviction rationnellement fondée du progrès politique cède la place au plan éthique, à l'espérance du progrès. À cette espérance manque la certitude du savoir. Kant reconnaît d'ailleurs avoir limité le savoir pour faire place à la croyance. En un mot, l'idéal ne descend pas pleinement sur la terre, mais il y trace un chemin d'espérance. Et celle-ci se donne sur le mode de l'attente (*Erwartung*) et suppose la patience. Le mal radical soumet donc l'homme à l'épreuve de la patience à partir d'un germe de bien préservé en l'homme.

Ce fragile point de départ de la restauration participe de ce que l'on peut appeler avec Theodor Adorno, la

[387] *Ibid.*, pp. 150-151 (Ak. VI, 123).

philosophie de la “micrologie“[388]. C’est une posture philosophique donnant de l’importance au détail, au quotidien, à l’infime, au petit. Selon cette philosophie, l’espoir de restauration se trouverait du côté du petit comme figure de résistance au désastre : le minima de bien, les individus exemplaires… La “micrologie“ serait le dernier refuge de l’éthique kantienne travaillée par le mal radical.

Conclusion

Confrontée au mal radical, l’éthique kantienne se révèle fragile ; elle menace même de sombrer dans l’abîme en la figure du régicide. Si le mal radical provoque des failles dans l’éthique au point de la menacer de faillite, qu’en est-il alors de sa confrontation avec la crise plus aiguë de la modernité, celle d’un mal si extrême qu’il frôle le mal diabolique ? La solution ne réside peut-être pas, comme l’a cru Kant, dans sa seconde éthique, dans une ligue du bien ou de la vertu, mais d’abord et avant tout dans des subjectivités suffisamment armées, à même de résister aux ravages du mal.

Résumé

On croyait l’éthique kantienne tellement cohérente et résistante à toute épreuve. En réalité, sa confrontation avec le mal radical loin de la laisser intacte et intangible induit des crises profondes en son sein. Ce mal se révèle comme un problème suffisamment grave pour remettre en cause

[388] Theodor ADORNO, *Dialectique négative, Trad. de G. Coffin, J. Masson, O. Masson, A. Renaut, D. Trousson*, Paris, Payot & Rivages, 2001, p. 389.

tout son équilibre, pour secouer l'édifice éthique kantien. Mais Kant, pour sauver son éthique de la faillite, lui trouve des lieux de refuge dont le dernier nous semble être la "micrologie".

Mots clés : Autonomie, bien, conversion, espérance, mal radical.

Bibliographie

ADORNO (T.), *Dialectique négative,* Trad. de G. Coffin, J. Masson, O. Masson, A. Renaut, D. Trousson, Paris, Payot & Rivages, 2001.

BELLAVAL (P.), « La théorie kantienne du mal radical : un conflit des interprétations » in *Interprétations de Kant,* Cahiers Eric Weil III, dir. de J. Quillien et G. Kirscher, Lille, Presse universitaire de Lille, 1992, pp. 187-201.

BRUCH (J.-L.), *La philosophie religieuse de Kant*, Paris, Aubier Montaigne, 1968.

CARNOIS (B.), *La cohérence de la doctrine kantienne de la liberté*, Paris, Seuil, 1976.

EISLER (R.), *Kant-Lexikon*, Trad. du Centre national du livre, Paris, Gallimard, 1994.

KANT (E.), *Critique de la raison pratique*, in *Œuvres philosophiques*, Trad. de Luc Ferry et Heinz Wismann, Coll. « Bibliothèque de la Pléiade », Paris, Gallimard, T. II, 1985.

KANT (E.), *La Religion dans les limites de la simple raison*, in *Œuvres philosophiques*, Trad. de

Alexis Philonenko, Paris, Gallimard, Coll. « Bibliothèque de la Pléiade », T. III, 1986.

KANT (E.), *Le Conflit des facultés, in Œuvres philosophiques,* Trad. de Alain Renaut, Paris, Gallimard, Coll. « Bibliothèque de la Pléiade », T. III, 1986.

KANT (E.), *Métaphysique des mœurs*, in *Œuvres philosophiques,* Trad. de Joëlle Masson et Olivier Masson, Paris, Gallimard, Coll. « Bibliothèque de la Pléiade », T. III, 1986.

KANT (E.), *Projet de paix perpétuelle*, *in* Œuvres *philosophiques,* Trad. de Heinz Wismann, Paris, Gallimard, Coll. « Bibliothèque de la Pléiade », T. III, 1986.

KANT (E.), *Réflexions sur l'anthropologie*, n° 1396 (Ak. XV, 608).

PHILONENKO (A.), *Métaphysique et politique chez Kant et Fichte*, Paris, Vrin, 1997.

REBOUL (O.), *Kant et le problème du mal,* Montréal, Presse de l'Université de Montréal, 1971.

ROGOZINSKI (J.), *Kanten ; Esquisses kantiennes*, Paris, Éditions Kimé, 1996.

ROGOZINSKI (J.), *Le don de la loi ; Kant et l'énigme de l'éthique*, Paris, PUF, 1999.

L'HARMATTAN, ITALIA
Via Degli Artisti 15; 10124 Torino

L'HARMATTAN HONGRIE
Könyvesbolt ; Kossuth L. u. 14-16
1053 Budapest

ESPACE L'HARMATTAN KINSHASA
Faculté des Sciences sociales,
politiques et administratives
BP243, KIN XI
Université de Kinshasa

L'HARMATTAN CONGO
67, av. E. P. Lumumba
Bât. – Congo Pharmacie (Bib. Nat.)
BP2874 Brazzaville
harmattan.congo@yahoo.fr

L'HARMATTAN GUINEE
Almamya Rue KA 028, en face du restaurant Le Cèdre
OKB agency BP 3470 Conakry
(00224) 60 20 85 08
harmattanguinee@yahoo.fr

L'HARMATTAN CAMEROUN
BP 11486
Face à la SNI, immeuble Don Bosco
Yaoundé
(00237) 99 76 61 66
harmattancam@yahoo.fr

L'HARMATTAN CÔTE D'IVOIRE
Résidence Karl / cité des arts
Abidjan-Cocody 03 BP 1588 Abidjan 03
(00225) 05 77 87 31
etien_nda@yahoo.fr

L'HARMATTAN MAURITANIE
Espace El Kettab du livre francophone
N° 472 avenue du Palais des Congrès
BP 316 Nouakchott
(00222) 63 25 980

L'HARMATTAN SENEGAL
« Villa Rose », rue de Diourbel X G, Point E
BP 45034 Dakar FANN
(00221) 33 825 98 58 / 77 242 25 08
senharmattan@gmail.com

L'HARMATTAN TOGO
1771, Bd du 13 janvier
BP 414 Lomé
Tél : 00 228 2201792
gerry@taama.net

Achevé d'imprimer par Corlet Numérique - 14110 Condé-sur-Noireau
N° d'Imprimeur : 134645 - Dépôt légal : décembre 2016 - *Imprimé en France*

www.ingramcontent.com/pod-product-compliance
Lightning Source LLC
LaVergne TN
LVHW010921061026
849535LV00007B/2174
9782343111360